KB270863

경영학원론

경영학원론

임태순 지음

한국학술정보㈜

머·리·말

생각의 속도만큼이나 최근의 경영환경은 변화란 명제하에 새로운 옷으로 패션쇼를 연출하듯 우리들의 마음을 속도란 단어에서 자유롭지 못하게 하고, 우리들의 행동조차 종종걸음으로 채근하는 듯하다.

이미 등불을 밝힌 21세기의 여명 속에 지구촌에는 새로운 경영화두들이 혜성처럼 나타났다 싶으면, 오래 지나지 않아 사라지고, 이내 또 다른 새로운 무리의 화두가 가속도를 가지고 우리들에게 다가오고 있음을 느끼게 된다. 때론 경영혁신이란 미명 아래, 때로는 생산성 증대란 이름으로, 또는 글로벌경영이란 단어가 귀착하는 국경 없는 경쟁이란 얼굴을 하고 주어진 24시간이 부족하다고 억압적인 자세로 우리에게 강요하는 듯하다.

이러한 시대적인 변화 속에서도 경영이란 단어와 마주한 우리는 생산성과 경쟁력이 요구되는 상황에서도 경영학사의 과거를 통하여 인간적인 경영에 대한 그리움을 마음의 한구석에 숨겨 놓은 보석처럼 이에 대한 향수를 느끼게 되는 것은 어쩌면 당연한 귀결일까? 아니, 사회의 일각에서 다운 시프트(down shift)에 대한 성찰이 다시 일고 있는 것도 이러한 반향일까?

그래서 경영이라고 사용되는 매니지먼트(man – age – ment)의 어원처럼 사람이 나이가 들어서 알게 되고, 철(哲)이 들어 지혜를

깨닫게 된다는 뜻을 새기게 되면 참으로 의미 있다는 생각을 새롭게 하게 된다. 즉 경영이란 선험적인 시행착오와 체험을 압축하고 싶은 문제의식이라고 볼 수도 있겠다. 따라서 미래를 보는 혜안(慧眼)도 결국은 과거의 경험에 바탕을 두어야 가능하지 않을까? 그러하기에 경영을 위해서는 기본부터 몸에 익혀야 하고 힘들수록 기본에 충실해야(back to basic) 하는 것이 강조되는 것이라고 생각된다.

본서는 경영의 원리를 기본으로 하여 10년 가까이 대학에서 강의한 내용을 중심으로 하여 구성한 경영학의 기초개념서이다. 매학기 새로운 내용에 대해 보완작업이 반복적으로 이루어져 왔지만, 좀 더 충실한 내용에 대한 갈증이 아직까지도 다 채워지지 못한 마음에 아쉬움이 남는다. 하지만 마음만큼 다 채우지 못한 여백에 대해 독자들의 조언을 고대하고 당부드리면서, 밀려오는 아쉬움을 내려놓고자 한다. 그리고 집필과정에서 선지식(善知識)인들이 주신 인용의 기회에 대해 깊이 감사드리며, 본서의 특징을 요약하면 다음과 같다.

첫째, 경영에 대한 기초지식을 익힐 수 있게 간편하고 쉽게 구성하였다.

둘째, 경영에 대한 이론뿐만 아니라, 함께 생각하기, 경영사례연구 및 쉬어가기 코너를 두어 결론에 바로 도달하는 방식보다는 함께 생각할 여백의 장을 통하여 우리가 함께 결론을 찾아가는 쉼터를 마련하였다.

셋째, 시간적인 제약 속에서 생활하는 독자들을 위하여 가능하면 긴 서술형의 내용 대신 핵심 내용을 중심으로 정리하는 방식으로 구성되었다. 따라서 이론의 체계를 간략하게 정리할 수 있게 구성하였다. 마지막으로 이 책이 출간되기까지 도움을 주신 모든 분들께 깊은 감사를 드리며, 한국학술정보(주)의 채종준 사장님 이하 관계자 모든 분들께 감사드린다.

2010년 1월
태성원에서 임태순 씀

제 **1** 장

현대경영의 개관

1. 경영학의 의의

경영과 관련하여 파생된 많은 신조어들이 있다. 예를 들면, **회사경영**은 물론이고, **세계경영, 국가경영, 사회경영, 호텔경영, 병원경영**뿐만 아니라 최근 들어서는 자기경영에 이르기까지…….

그렇다면 과연 **경영**이란 무엇일까?

1) 경영학(business administration)이란?

* 경영학에 대한 개념은 여러 가지의 시각에서 조명될 수 있고, 학자에 따라 조금씩 다른 해석이 가능하기 때문에 현재, 교과서에 따라 조금씩 변형된 여러 가지의 개념이 존재한다.

개념 1: 경영에 대하여 연구하는 사회과학(social science)이다.

경영을 사회과학으로 보는 견해는 매우 거시적(macro)으로 해석한 넓은 의미의 광의의 개념이다.

개념 2: 경영체의 경영활동을 통일된 목적과 방향을 가지고 조직체를 합리적으로 수행하기 위한 제 법칙을 연구하는 종합학문(total science, or, multidisciplinary science)이다.

경영의 대상이 되는 경영체(business entity)를 이미 설정된 목적과 방향으로 합리적인 수행을 통하여 기업의 효율성을 증대시키기 위한 학문을 총괄하는 종합학문으로 경영체를 보는 시각이다.

개념 3: 사회적 존재의 생존과 성장(survival and growth)을 위한 지적 체계를 연구하는 학문이다.[1]

조직체는 계속기업(going concern)을 추구하게 된다. 즉 영속성을 추구하기 위한 가장 최소한의 전제조건이 생존이며, 최근 들어서 변모하는 치열한 경쟁환경은 이제, 생존만으로는 영속성을 지속할 수 없고, 성장이 수반되어야 기업의 계속성 또는 영속성을 영위하게 된다. 따라서 사회적 존재의 생존과 성장을 위한 지적 체계를 경영학이라고 본 시각이다. 사회적 존재란 의미가 시사하는 바는 조직체가 환경과 상호 작용(interaction)하는 생태시스템(eco-system)임을 의미한다.

☞ 쉬어가기 ☜

경영을 영어로 **management**(관리)로 쓰는 경우도 있다. 이는 실천적인 의미로 plan(계획)-do(실행)-see(평가)의 과정을 의미하기 때문이다. 또한 재미있는 사실은 management는 **man-age-ment** 개념의 합성어로 해석이 되며, 동양의 철학을 빌려 설명을 해도, 결국 사람이 나이가 들어서 철(哲)이 든다는 개념과 일맥상통하는 재미있는 결과를 얻게 된다. 즉 경영은 나이가 들어 말귀를 알아듣고, 철이 나고 깨달음을 통하여 비로소 경륜을 가진 관리를 할 수 있음을 의미한다고 할 수 있다.

---

1) 경영(business administration)의 뜻을 넓게 해석하면 "모든 사회적 존재의 생존과 발전에 관한 지적체계"로 정의할 수 있다. 전용수·정승언·임태순, 『현대경영학의 이해』, 법문사, 2002, p.5.

2) 연구대상

경영학의 연구대상은 크게 두 가지 측면이라고 볼 수 있다.

첫째, 경영학은 경영의 대상인 기업체에 대해 연구하는 학문이다. 즉 기업체와 관련된 일련의 과정을 연구대상으로 하며, 기업체가 계속기업으로서 유지되고 발전됨을 그 목표로 한다고 볼 수 있다.

둘째, 경영학은 경영 그 자체를 연구하는 학문이다. 즉 경영자체에 경영학을 한정하는 경우는 경영의 목표를 달성하기 위한 '효율성' 측면의 관리활동에 연구의 대상을 집중하는 경우를 의미한다.

연구 대상	Business(경영)	Enterprise(기업)
주체	경영자	기업가
철학	소유과 경영의 분리	

☞ 함께 생각하기(한국적 경영) ☜

한국의 최대재벌가의 총수였던 삼성의 故 이병철 회장과 현대의 故 정주영 회장은 **경영자**라고 생각하는가? 아니면 **기업가**라고 생각하는가?

문제 1) 소유와 경영의 분리(the seperation of ownership and management)관점

문제 2) 한국적 경영의 개선할 점/한국적 경영의 장점

사례연구) 삼성전자 – "삼성전자 왜 강한가?"2)

3) 지도원리(추구성)

① 수익성(profitability) – 이익극대화 원칙

$$\frac{순이익}{자본}$$

② 경제성(economy principles) – 성과극대화

$$\frac{목표}{수단}$$

③ 생산성(productivity) – 생산성 극대화

$$\frac{산출\,(output)}{투입\,(input)}$$

---

2) 사진: 미국 텍사스 주 댈러스, 댈러스포트워스 국제공항 터미널 D의 홍보모습 참조: 삼성전자
(주) 홈페이지 이미지 파일.

4) 학문적 성격

경영학의 학문적 성격은 이론과 실천의 학문이다. 학문의 범주를 과학(science)과 예술(arts)로 구분하고, 또한 이론적인 학문(theoretical science)과 응용적인 학문(applied science)으로 구분하였을 때, 경영학의 학문적인 성격은 과학과, 예술, 이론적인 학문과 응용적인 학문을 모두 포함하는 영역에 속한다. 이를 도식화하면 아래와 같이 4영역 모두를 포함한다고 할 수 있다.

구분	과학	예술
이론적인 학문		
응용적인 학문		

* 지혜로서의 경영: 보편성과 특수성[3]

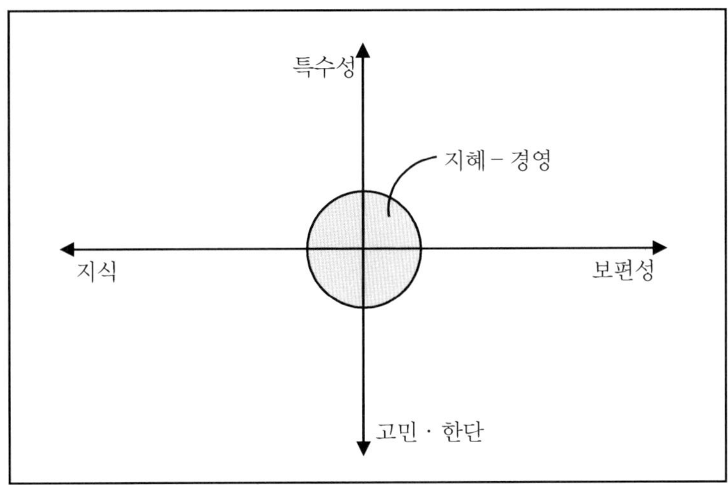

---

3) 전용수 · 정승언 · 임태순, 『현대경영학의 이해』, 법문사, 2002, p.11.

5) 인접학문

(1) 경제학(economics)

(2) 회계학(accounting)

(3) 통계학(statistics)

(4) 법학(law)

(5) 노동경제학(labor economics)

(6) 산업공학(Industrial engineering)

(7) 심리학(psychology)

2. 기업과 환경

1) 기업과 환경[4]

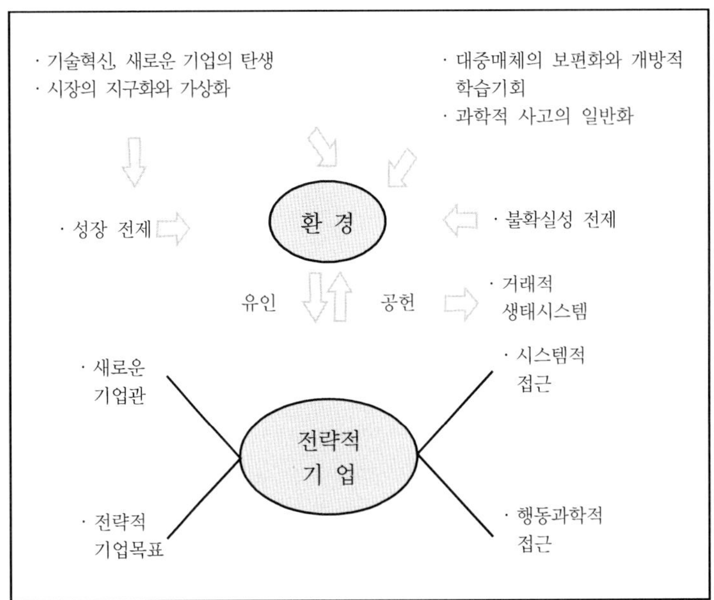

☞ 쉬어가기 ☜

유효성과 능률성의 개념(참고: 교과서 pp.16 ~ 18)

유효성(effectiveness) – 기업목적과 연계된 달성 정도의 개념

능률성(efficiency) – 목표에 대한 수단의 개념

---

4) 전용수 · 정승언 · 임태순, 『현대경영학의 이해』, 법문사, 2002, p.17.

경영사례 2) 주베일 항만 공사

2) 기업의 개념

기업은 환경과 상호작용을 하면서 생존과 성장을 도모하는 협동하는 생태시스템이다. 따라서 현대적인 관점의 기업관은 아래와 같이 3가지로 정리될 수 있다.

(1) 협동시스템으로 서로 협동하고 의사소통할 수 있는 공동의 목표(goal)를 가지고 있어야 한다.

---

5) 사진: naver 백과사전.

---

(2) 효용가치를 창출할 수 있어야 한다.

(3) 계속기업, 즉 영속성을 유지하는 사업체(business entity)이어야
한다.

3) 기업의 목표

기업의 목표는 목적이윤설과 관련된 기업의 이익극대화(profit maxi-mization)란 관점과 기업이익극대화가 가지는 모순을 보완하는 기업가치의 극대화(value maximization)의 관점에서 접근해 볼 수 있다.

(1) 기업이익의 극대화

기업의 목표는 기업의 이윤을 극대화하는 데 있다는 관점으로서 최근 들어 이에 대한 비판과 반성이 대두되고 있는 접근법이다.

(2) 기업가치의 극대화

기업가치의 극대화 관점은 기업이익의 극대화 관점과 비교하여 볼 때 좀 더 장기적인 접근법으로서 기업이익을 극대화하는 접근법의 한계를 인정하고 접근하는 철학적인 의미를 가진다. 기업의 가치는 기업의 사회적인 가치, 즉 자본성과와 사회성과, 그리고 노동성과로 측정된다. 기업의 가치극대화는 주주들의 부(富)의 극대화(wealth maximization) 개념으로도 통용된다.

☞ 쉬어가기 ☜

고객만족(customer satisfaction)경영과 기업가치의 극대화

경영사례 1) 재벌들의 고객만족경영:

만족(滿足)을 넘어서 – LG(고객감동)[6]

SK(고객행복)[7]

 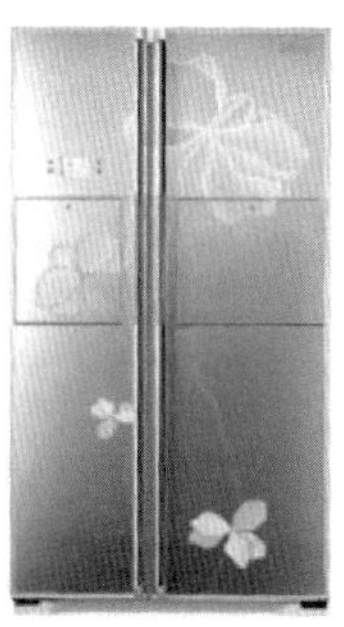

---

6) 사진: 주간동아 건국60년, 한국을 일으킨 기업, 2008년 11월 12일.

7) 사진: newsis 2009년 9월 20일.

경영사례 2) 동양적 철학의 선(善 혹은 good)의 실현과 서양적
경영철학의 고객만족경영

3. 경영학의 체계

1) 경영학의 체계

　경영학이 발전해 온 관점에서 경영학의 체계는 독일식 경영학과 미국식 경영학으로 크게 구분된다. 독일식 경영학은 발전하여 유럽식 경영학의 모태를 형성하였고, 미국식 경영학은 세계경제 속에서 차지하는 미국경제의 비중이 커짐에 따라 자연스레 기업경영의 모델로서 세계의 여러 나라에 직접 및 간접적으로 영향을 주어 왔고 또한 자연스레 도입되어 응용되고 있는 실정이다.

2) 독일 경영학

　독일의 경영학은 상업학에서 출발하여 19세기와 20세기 초의 산업화 과정을 겪으면서 발전하여 왔다. 따라서 독일식 경영학은 상업경영학의 특징을 가지고 있다. 또한, 독일식 경영학은 구조 면에 초점을 두었다는 점에서 미국식 경영학과 다른 특징을 가지고 있다. 즉 독일식 경영경제학은 경영과 경제를 기업의 창설과 유지 및 해체와 관련된 구조론, 인간을 주체, 상품을 객체로 보고 관리과정을 다루는 기능론 등으로 구성되어 있다. 경영학의 각론은 생산, 유통, 소비의 관점으로 나뉘어져 있다.

3) 미국 경영학

　　미국식 경영학은 이론보다는 실천적 색채의 실용주의적 관리활동이 사고의 바탕을 형성하고 있으며, 현재 세계경영의 주류를 형성하고 있는 것이 사실이다. 미국경영학의 체계는 관리(management)론 중심의 경영학이다. 따라서 경영학원론은 paln－do－see와 같은 계획, 조직, 지휘, 통제의 관리경영학을 근간으로 하고 있으며, 이에 대한 각론으로 인사관리, 생산관리, 재무관리, 그리고 마케팅 등으로 구성되어 있다. 미국식 경영학은 미국경제의 발전과 맥을 같이하여 많은 국가들에게 경영의 교과서처럼 도입되어 이식되어 왔다. 더욱이, 동양적 가치관을 앞세운 일본식 경영과 동아시아 국가들의 경영장점이 1990년대 후반에 맞이한 동아시아의 외환위기와 일본경제의 계속적인 침체로 더욱 미국식 경영학이 경영의 중심이 되어 왔으나 최근 들어서 미국식 경영의 문제점이 지적되는 면도 있다.

☞ 쉬어가기 ☜

미국식 경영학과 동양적 경영학

경영사례)
① 미국식 경영학
－효율성 중심의 경영: 능력위주
비판)스톡옵션(stock option)
실업의 문제

② 일본을 중심으로 한 동양적 경영학

    - 연공서열제

    - 평생고용제

1980년대 중반에서 1990년대 초까지 새로운 경영모델로 급부상 하였으나, 최근 들어 일본경제의 침체와 더불어 일본도, 경영의 주류로 인정되는 미국식 경영을 도입하는 실정임.

③ IMF와 미국식 경영학의 지배

    - 주주자본주의(stockholder 자본주의)

    - 이해관계자 자본주의(stakeholder 자본주의)

④ 반성 및 새로운 모색

∞ 참고문헌

전용수·정승언·임태순 공저, 『현대경영학의 이해』, 법문사, 2002.
전용수·임태순·강대석 공저, 『현대경영학의 개관』, 법문사, 2006.
조희영, 『경영학원론』, 민영사.
김준식·차덕환·천명섭 공저, 『경영학원론』, 세영사.
주간동아 2008년 11월 12일
newsis 2009년 9월 20일

제 2 장

경영학의 발달사 (I)

1. 경영학의 발전과정

☞ 쉬어가기: 재미있는 경영학사 이야기 ☜

경영학적 접근방식이 기술적 우위의 제품을 물리친 사례

사례 1) VHS 대 β방식

일본을 중심으로 진행되었던 비디오시장의 치열한 전쟁이 주는 교훈은?

사례 2) IBM 대 매킨토시

장소를 바꾸어 미국에서 일어난 개인용 PC전쟁에서 주는 시사점은?

☞ 사례연구: 회사와 제품의 작명(Naming)에서 보는 성공과
실패의 사례 ☜

기업의 성패를 좌우하는 작명의 중요성과 국제화 시대에 걸맞은 이름에 관한 이름에 관한 이야기

사례 1) 함○ ○

국제화 시대에 맞게 영문으로 표기하는 데의 문제점

문제점) Ham 혹은 Harm

사례 2) 미국 시볼레 자동차 회사의 실패사례 – 'Nova' 자동차

문제점) 이름이 이미지에서 실패 – Nova는 스페인어로 '안 가는 자동차'

사례 3) 회사를 대표하는 제품이 회사 이름으로 대체하는 경우
예) 조선맥주(크라운 맥주)에서 HITE 맥주로

사례 4) 회사 이름을 없애고 제품명으로 대체하는 경우
예) 에쿠스(현대), 보르도(삼성), 모젤(삼성), hauzen하우젠(삼성)

사례 5) '애칭(愛稱)'으로 이름을 대신하는 경우
예) 초콜릿폰(LG)

2. 고전적 이론

고전적 이론(classical theory)은 고전적 관리이론(classical management theory)이라고도 한다. 고전적 이론을 주창한 사람들의 기본적인 생각은 '인간을 생산의 도구화'라는 전제에서부터 출발한다. 즉 어떻게 하면 인간(노동자)들에게 더 많은 생산성을 강요할 수 있을 것인가 하는 문제로부터 출발하여 인간은 제품을 생산하는 기계에 불과하다는 관점을 고수하는 이론이다. 고전적 이론은 테일러와 포드에 의한 과학적인 관리법, 페욜의 관리일반이론, 그리고 웨버의 관료제로 구분된다.

☞ 사례연구: 회사와 제품의 작명(Naming)에서 보는 성공과
실패의 사례(Ⅱ) ☜

사례 1) 한국 재벌들의 이름 바꾸기 열품: 국제화 시대에 무리가

없는 이름으로 바꾸는 데 많은 비용을 들여가면서까지 기업의 이미지 재고에 노력함.

예) ① 선경의 영문표기: Sunkyoung에서 SK로 변경

② 롯데: Lotte

③ 쌍용: Double dragon(의미적으로 서구인에게 '龍'은 바람직하지 못함), SSangRyoung(여전히 발음상의 문제점을 가지고 있음)

④ 한화에서 HanHwa

⑤ 현대(Hyundae – 한국발음과 같지 않은 미국인 발음)

1) 경영관점의 전개과정

미국의 관리(management)는 로버트 오웬(Robert Owen), 헨리 타운(Henry Towne), 헨리 푸어(Henry Poor)를 중심으로 발전해 왔다.

연대별 전개과정[8]

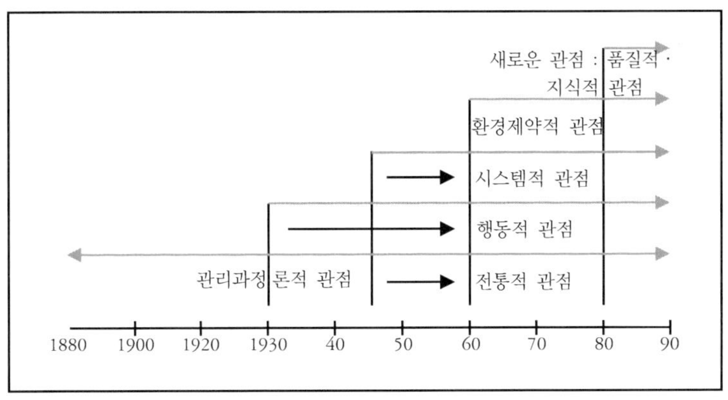

---

8) 전용수·정승언·임태순, 『현대경영학의 이해』, 법문사, 2002, p.39.

2) 과학적 관리법(Scientific Management)

(1) 테일러 시스템: '높은 임금, 낮은 노동비 원칙'

과학적 관리법을 이해하기 위해 당시의 사회적인 변혁을 먼저 이해할 필요가 있다. 당시의 상황은 19세기 말의 산업혁명(industrial revolution)에 따라 근로자들은 기계화에 의한 실업위기에 직면하게 되었고, 실업의 위기를 탈피하고자 근로자들은 조직적인 태업(sabotage)을 감행하게 되었다. 즉 실업을 방지할 목적으로 직장에 출근하여 의도적으로 시간만을 허비하는 행태로 작업의 양을 일부러 남겨 놓음으로써 작업량은 평소의 1/3의 수준이므로 생산량이 감소하게 되었다.

이러한 상황에 대해 위기를 극복하기 위한 운동이 전개되었는데, 발단은 ASME(The American society of Mechenical Engineering)을 중심으로 한 능률증진운동을 들 수 있다. 한편 테일러는 작업량 설정을 통한 과업관리(task management) 및 시간과 운동연구를 통해 차별 성과급제를 도입함으로써 근로자들에게 근로에 대한 동기를 부여시키고 임금체계를 성과급제로 전환하게 되었다. 테일러에 의한 성과급제도는 노사가 협력하기보다는 제로섬게임(zero-sum game)으로 보는 관점으로 결국 근로자들의 노동비가 내려가므로 근로자들의 경우는, 오히려 손해를 보는 결과를 초래하였다.

테일러에 의한 과학적 관리법에 대한 평가(문제점)는 아래와 같이 3가지로 요약할 수 있다.

① 인간의 생산을 도구화 혹은 기계화하였다.

② 노조를 부정하였다.

③ 분배의 불공정성을 들 수 있다.

(2) 포디즘: "낮은 생산비, 높은 임금 원칙"

헨리 포드(Henry Ford, 1863~1947, 미국)

　미국의 자동차 왕인 헨리 포드가 자동차를 생산하는 데 적용했던 경영방식을 '포디즘'이라고 한다. 포드의 생각은 자동차를 생산하는 원가를 절감함으로써 모든 사람들에게 자동차를 소유할 수 있는 행복감을 선물하고 싶은 욕망으로부터 출발하였다. 포드는 원가를 절감할 수 있는 방법은 컨베이어 벨트 시스템에 의한 대량생산 체제를 갖추면 가능하다는 믿음하에 작업장을 그의 생각에 알맞게 구성함으로써 마침내 저가의 자동차를 대량으로 생산할 수 있었다.

<헨리 포드의 T카 모습>
1908년 자동차가 2,000달러에 팔릴 때 포드는 대량생산으로
800달러에 판매를 하고 나중엔 300달러까지 가격을 낮춤.

포드가 생각한 대량생산체제를 만족시키기 위한 조건으로 아래와 같은 3가지를 들 수 있다. 우리는 이를 3S라고 한다.

① 제품의 단순화(Simplification)

② 부품의 표준화(Standardization)

③ 공구의 특수화(Specialization)

포디즘에 대한 비판은 크게 두 가지로 요약된다.

첫째, 유동작업의 강제를 들 수 있다. 이러한 유동작업의 강제는 이미 테일러 시스템에서 살펴본 바와 같이 인간의 생산도구화라는 비난을 면하기 어렵다.

둘째, 제품의 변형이 어렵다는 사실이다. 대량생산체제가 컨베이어 벨트에 의한 시스템이기 때문에 일단 장치를 하면 새로운 제품을 생산하기 위해서는 또 다른 시스템을 준비해야 하는 구조적인 문제점을 가지고 있다.

(3) 관리일반이론

관리의 일반이론은 관리이론이라고도 한다. 즉 관리의 일반이론은 그 단어가 주는 의미와 같이 기존의 과학적 관리법에서는 생산량을 증대시키기 위한 방법으로 모든 초점을 근로자의 문제에 국한하였으나, 관리이론에서는 초점이 근로자에 대한 관점에서 관리자로 이동하는 발전을 보여준다. 즉 관리자들이 조직수준에서의 기업을 기술적 직능(생산, 제조), 영업적 직능(구매와 판매), 재무적 직능(자금의 조달과 운영), 그리고 보전적 직능(설비와 종업원 보존) 등으로 세분화하여 관리자들의 역할을 할당하고 아울러 이들에게 성과에 대해 책임을 묻는 형식으로 발전하였다. 즉 과학적 관리법

의 대상이 근로자라면, 관리일반이론의 대상은 경영자에 초점이 설
정되어 있고, 관리일반이론에서는 명확한 구조와 규칙으로 인하여
경영자들이 이에 책임을 지는 형태로 발전하였다.

❦ 참고문헌

전용수 · 정승언 · 임태순 공저,『현대경영학의 이해』, 법문사, 2002.
전용수 · 임태순 · 강대석 공저,『현대경영학의 개관』, 법문사, 2006.
조희영,『경영학원론』, 민영사.
김준식 · 차덕환 · 천명섭 공저,『경영학원론』, 세영사.

제 3 장

경영학의 발달사(Ⅱ)

1. 행위이론

행위이론의 출발은 고전적 이론의 비판으로부터 출발한다. 즉 인간의 기계화는 근로자들의 불만을 가중시켰고, 결국은 생산성의 저하로 이어졌다. 따라서 이에 대한 반향으로 생산성을 증가시킬 수 있는 방법론으로 제시된 것이 행위이론이다. 행위이론은 인간 상호 간의 관계를 중시하고 인간행동과 욕구 간에 부합되는 동기(motivation)를 고려하고 있다.

인간적인 측면을 강조한 행위이론의 발달은 크게 두 단계로 나누어 볼 수 있다. 먼저, 인간관계론적인 관점에서 발달되었고, 후일에 행동과학적인 관점의 발달이 있었다.

1) 인간관계론적 이론

(1) 호손실험

호손실험은 하버드대학의 메이요(Mayo) 교수와 뢰스리스버거(Roethlisberg) 등이 서부전력회사(Western Electric Company)의 호손공장을 중심으로 1927년부터 5년간의 실험을 통하여 인간성에 대한 과학적인 연구를 실시하였다.

호손실험의 진행은 노동자와 그들의 생산성에 미치는 영향에 대한 연구로서 제1단계의 조명실험에서부터 면접실험까지 진행되었다. 실험의 결과 작업장의 조명도와 생산성과는 별로 무관하였다는 결론에 도달하였고 단지 플라스보(placebo) 효과만이 존재하였다.

호손실험은 기계적인 인간관을 탈피하고 감정적 동물로서의 인간을 인정하는 계기를 마련하였고, 작업장의 사회적 여건(만족감 또는 안정감 등……)이 물질적인 보상보다 작업에 영향을 준다는 결론을 얻었다. 호손실험에 대한 비판으로는 노동조합과 같은 공식적인 인간관계를 소홀히 하였고 인간을 심리, 감정에만 치중한 점이다.

2) 행위과학적 이론

(1) 마슬로우(Maslow)의 욕구 5단계설[9]

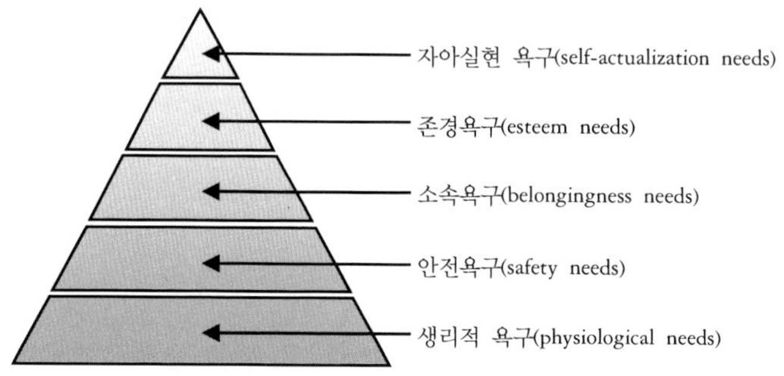

마슬로우는 동기의 원천으로 욕구를 5단계로 나누어 설명하였다. 즉 인간의 욕구는 생리적 욕구, 안전 욕구, 소속 욕구, 존경 욕구, 자아실현 욕구 등 5가지의 욕구로 구성되어 피라미드의 구조를 가지고 있으며, 하위의 욕구가 충족되면 점차적으로 상위의 욕구에 대한 관심이 높아지고, 오직 그들 욕구에 의해서만 동기가 유발된다는 이론이다.

이 이론은 동기부여에 있어서 욕구를 분류할 수 있는 틀을 제공

---

9) 전용수 · 정승언 · 임태순, 『현대경영학의 이해』, 법문사, 2002, p.86.

하였다는 점에서 높이 평가되나, 인간의 욕구구조가 단순하지 않아서 하위의 욕구가 충족된다고 꼭 상위의 욕구로 이전한다고 입증할 증거가 없다.

☞ 함께 생각하기 ☜

1) 어떤 반대급부를 제공하면 직장에서 열심히 일을 하게 될까?
2) 당신은 행복합니까라는 질문에 '아니요'라고 답을 했을 때 '아니요'가 의미하는 바는?

(2) 헐쯔버그의 2요인 이론(two-factor theory)

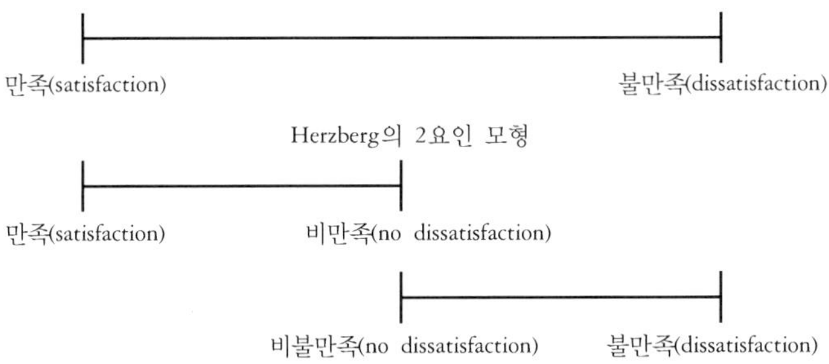

헐쯔버그(Herzberg)는 1950년대 미국의 피츠버그에서 200명의 회계사와 기술자를 대상으로 만족과 불만족의 경우를 조사하는 연구를 진행한 결과 임금이 적으면 불만족하나 임금이 많으면 반드시 만족을 느끼지 않는다는 사실을 알게 되었다. 대신에 만족을 얻은 요인으로 성취감, 인정감, 직무자체 등이 매우 중요한 역할을 한다는 결론을 얻었다. 따라서 헐쯔버그는 종업원들에게 동기를 부여하기 위해서는 불만족을 예방하는 요인인 위생요인(hygiene factor)을 적절하게 조절하고 동기를 유발하는 요인인 동기유발요인(motivation factor)을 끌어올려야 한다고 주장하였다. 위생요인으로는 감독, 회사방침, 근로조건, 감독과의 관계, 봉급 등이 있고, 동기유발요인으로는 성취감, 일 자체에 대한 열정, 인정함, 책임감, 성장에 대한 느낌 등을 들 수 있다.

(3) 앨더퍼의 ERG이론

앨더퍼(Alderfer)는 마슬로우의 동기이론(Motivation theory)에서 동기요인을 존재(Existence need), 관계(relatedness need), 그리고 성장(growth need)의 3가지 욕구로 보았다.

마슬로우와 앨더퍼이론의 가장 큰 차이점으로 앨더퍼는 욕구가 충족되지 못하면 좌절과 퇴행(frustration - regression)이 가능하다고 보아 만족과 상향진행(satisfaction - progression)으로 본 마슬로우와는 다른 점을 지적하였다.

(4) 맥그리거(McGregor)의 X·Y이론

맥그리거는 동기부여라는 관점에서 전통적 인간관을 X이론이라 하고, 새로운 인간관을 Y이론이라고 표현하는 설명으로 아래와 같이 규정하고 고차원의 욕구를 지니는 인간에게 저차원의 욕구충족 밖에 못 시키는 관리를 실현한다면 종업원은 일에 대한 의욕을 상실한다고 주장하였다.

- X이론: 인간은 태어날 때부터 일하기를 싫어하고, 처벌 강제, 통제에 의하지 않으면 조직 목적을 달성하기 어렵다는 관점으로 부정적인 인간관이다.

－Y이론: 인간은 일을 즐기고, 외적인 처벌과 강제가 없이도 조
직을 위하여 경영목적을 달성할 수 있다는 긍정적인 인간관으
로 일은 고통의 원천이 되기도 하지만, 자기만족의 근원이 되
기도 한다는 이론이다.

☞ 심화학습: 경영학에서의 동양과 서양의 만남 ☜

맥그리거 이론과 동양적 인간관의 비교

(5) 블레이크(Blake)와 뮤튼(Mouton)의 격자이론(Managerial grid
theory)

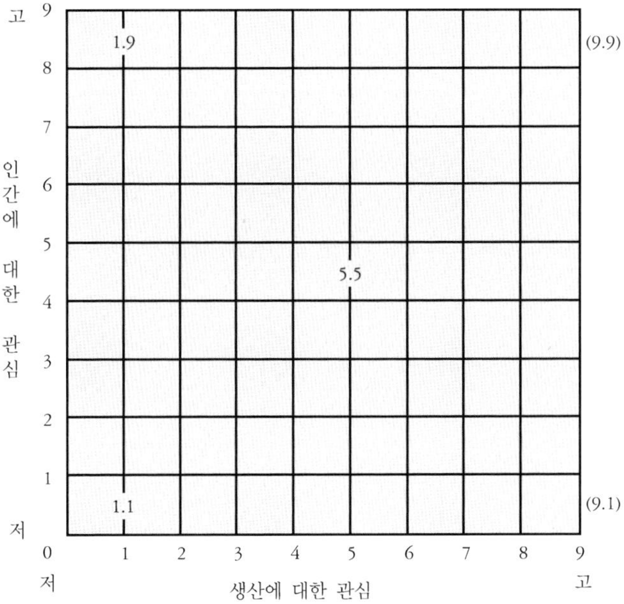

관리격자이론은 리더십 행위이론으로 불리기도 한다. 각 격자

(cell)별 특성은 아래와 같다.

- (1.1)형: 무관심형, 소극형,   - (1.9)형: 인간중심형, 사교형
- (5.5)형: 적당형   - (9.1)형: 과업형
- (9.9)형: 이상형, 팀형

2. 시스템이론 · 상황이론

행위이론 이후의 이론으로 주목할 만한 이론은 시스템이론과 상황이론을 들 수 있다. 이 두 가지 이론들은 고전적 이론(classical theory)과 행위이론(behavior theroy)으로 설명하기 부족한 경영적 현상을 보완하는 차원에서 발전된 이론으로 볼 수 있다.

☞ 쉬어가기: 세계의 자랑 ☜

ⓐ 스웨덴이 내놓은 VOLVO와 ABBA 그룹
ⓑ 일본의 Honda 자동차(혼다 쏘이찌로)와 마쓰시다, 쏘니
ⓒ 스위스의 시계공업
ⓓ 이탈리아의 total fashion 산업

1) 시스템 이론

시스템이론의 시조는 버나드(Barnard)를 들 수 있다. 버나드는 불확실성에서의 의사결정을 하기 위한 과정으로 요소들의 상호작용

을 고려하는 종합적인 사고의 원천으로 시스템이론을 창시하였다.

시스템이란 전체 목표를 달성하기 위해 여러 개의 독립된 기능단위 요소들이 유기적으로 연결되어 상호 작용하는 통일체로 규정하고 이에 연결된 하위 시스템을 서브시스템(sub－system)으로 보았다.

시스템이론은 투입(input), 진행(processing), 그리고 산출(output) 그리고 피드백(feedback)의 과정을 거치며, 환경과 격리된 시스템인 폐쇄시스템(closed system)과 환경과 같이 연계된 개방시스템(open system)으로 되어 있다.

시스템의 기본구조[10]

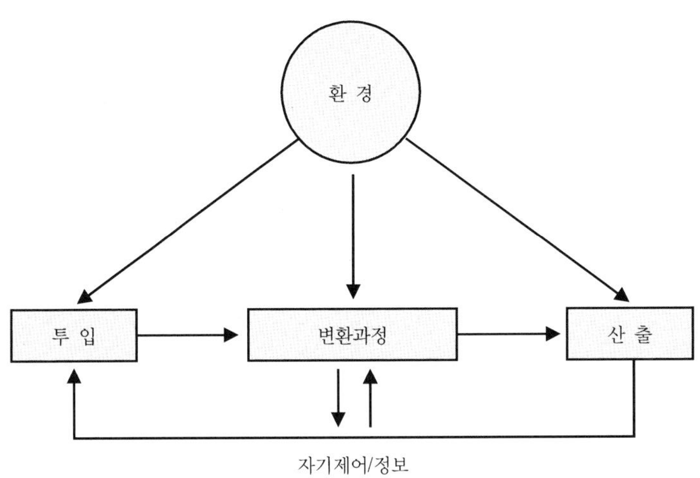

시스템이론은 경영자의 전체적 모습관찰의 중요성을 인정하고 기존의 이론을 통합하였다는 장점을 지니고 있다.

---

10) 전용수・정승언・임태순, 『현대경영학의 이해』, 법문사, 2002, p.57.

2) 상황이론(Contingency theory)

　상황이론은 1960년대 경영이론의 보편적 접근법의 한계에 대한 돌파구로 출발하였으며, 올바른 관리기법은 어떤 보편적인 규칙 없이 주위의 상황에 의존한다는 생각에 기초된 관리개념이다. 즉 하나의 상황에 효과적인 경영 행동이 모든 상황에 항상 적응 가능하거나 동일한 효과를 가져올 수 없으면 적합한 대응책을 선택하는 것이 최선이라고 보는 견해이다.

　상황이론에서는 의사결정의 변수로 조직의 규모, 기술적인 표준, 환경적인 불확실성, 개인차 등을 꼽고 있다. 즉 의사결정은 선정된 변수의 크기 및 유무에 따라 결정된다고 보았다.

　의사결정=f(조직의 규모, 기술적인 표준, 환경적 불확실성, 개인차)

　상황이론에 대한 평가는 우선 상황별 적합성을 강조하였다는 점에서 공헌한바가

　크나, 너무 환경의 포로라는 비판도 존재한다.

☞ 쉬어가기: 기업사례연구 ☜

＊ 대우그룹과 대상그룹의 기업의사결정

　단군 이후의 최대위기라고 일컬었던 IMF사태 때 대우그룹과 대상그룹의 의사결정은 기업의 운명을 서로 다르게 갈라놓았다.

* 록펠러가의 사진

∞ 참고문헌

전용수・정승언・임태순 공저,『현대경영학의 이해』, 법문사, 2002.
전용수・임태순・강대석 공저,『현대경영학의 개관』, 법문사, 2006.
조희영,『경영학원론』, 민영사.
김준식・차덕환・천명섭 공저,『경영학원론』, 세영사.

제 4 장

환경변화와 대응전략

1. 기타 이론 및 당면과제

1) 제기된 기타 이론들

기타 이론의 배경은 환경과 적응하면서 끊임없이 변화하는 경영학적인 제 현상에 대한 이해를 도모하는 데서 출발하나 특히 1990년대 이후에 계속되는 미국의 장기호황을 설명하는 데 요구되는 새로운 패러다임의 변화에 따른 새로운 이론들이 전개되어 있는 실정이다. 몇 가지 예를 들어보면

① random walk 이론

　: 불규칙성 속에서 규칙을 발견

　예) 미국의 신경제

② 다이너마이트 이론

　: Big Bang과 같이 새로운 이론의 출발을 제시함

2) 경영학의 당면과제

① 세계화(globalization)

　: 문화, 시스템, 외환

☞ **쉬어가기** ☜

세계화의 핵심은? 준비해야 할 무기는?

답: 언어/문화/많은 것을 흡수할 수 있는 넓은 사고 등.

② 윤리의 문제

: 윤리의 문제는 '더불어 사는 삶'의 관점에서 접근되어야 하며, 기업윤리는 최근 들어서 기업의 경쟁력을 확보하는 중요한 요인으로 대두되고 있다. 윤리와 관련된 문제로는 환경과 관계된 윤리, 작업장과 성 윤리, 회계 윤리(분식회계) 등이 있다.

③ 인수와 합병(M&A)

☞ 심화학습문제 ☜

"악마의 화신인가? 아니면 필요악인가?"
- '효율성'의 접근법과 '동양적인 접근법'
- 사례: 故 정주영 회장과 김우중 회장의 일화

④ 실업의 문제

: 실업 및 임시직, 시간근로자 문제

⑤ 기타

: 자연환경에 대한 오염 - 개발인가 보존인가?

☞ 심화학습문제 ☜

사례: 인도(India)의 보팔사태(Union Carbide)

○ 장소: 인도 보팔시

○ 연도: 1984년 12월 3일

○ 원인물질: 메칠이소시안(MIC: Methyl isocyanate)

○ 발생과정: 미국의 다국적 기업인 유니언 카바이드에서 인도 보팔 시에 현지공장을 설립하여 농약을 제조 판매하던 중 농약원료로 사용되던 메칠이소시안이라는 유독가스가 저장탱크에서 누출되어(약 36톤 이상) 발생한 사건으로 안전수칙이 켜지지 않았고 경보체계가 작동하지 않아서 피해가 확대됨.

○ 피해상황: 2,800여 명의 인근주민이 사망하였고, 20만 명 이상의 피해자가 발생하였으며, 이 사고로 자연생태계까지 크게 훼손되었다.

2. 환경변화와 대응전략

☞ 함께 생각하기 ☜

최근의 환경추세

① 스피드(speed)화

② 편의화(convenient): 편의점문화/리모컨(remote control)

③ 연령층의 변화물결

④ 니즈(need)의 다양화

⑤ 생활양식의 변화

⑥ 파괴의 세상 - 가격할인, 파괴

⑦ "바꿔 바꿔 모든 것 다 바꿔" 세상 -

　　삼성의 이건희 회장 "wife만 빼고 다 바꿔라"

⑧ 변화(變化)를 넘어 창조(創造)로

1) 기업의 환경집단[11]

　기업을 둘러쌓고 있는 환경집단의 통칭으로 정부와 매스미디어, 그리고 지역사회가 있으며 투입 측면의 환경집단으로는 자본시장, 노동시장, 원자재시장, 기술시장 등이 있다. 또한 제품시장의 환경 집단으로 고객과 경영자가 존재한다.

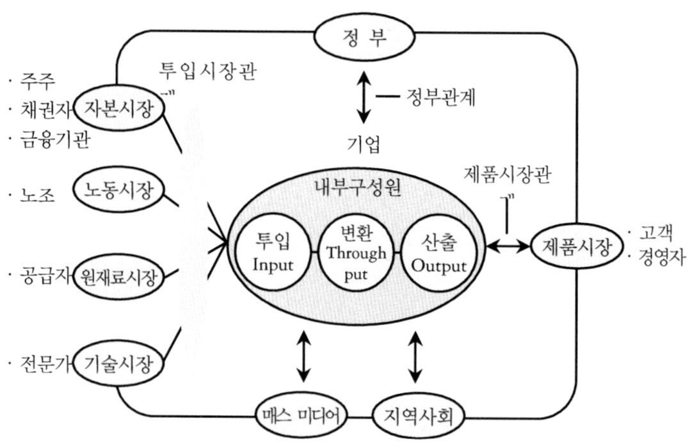

2) 기업환경의 분류

* 거시환경: 경제, 정치, 인구통계, 자연, 문화, 법률
* 과업환경: a. 경쟁환경: 경쟁자, 고객, 대체제, 공급자, 잠재적
　　　　　　　　진입자

---

11) 전용수 · 정승언 · 임태순 공저, 『현대경영학의 이해』, 법문사, 2002, p.42.

b. 기술환경: 정보

▶ 환경의 특성은 무엇인가?

환경은 불확실성의 연장선상에 있다는 사실이다. 즉 환경은 일시성, 가속성, 다양성, 복합성 등으로 광범위한 영향력을 가지고 있다. 따라서 기업차원에서 기업의 목표를 달성하기 위해서는 이러한 가변적인 환경의 불확실성을 극복하기 위한 전략의 수립이 요구된다. 기업차원의 전략으로는 내부적인 전략으로 환경에 대한 위험을 최소화하는 전략을 구사하고 외부적으로는 성장을 지향할 필요가 있다.

3) 거시적 환경 - 일반환경

(1) 경제시스템

산업의 분류: 1차 산업 – (농업, 어업, 수산업 등)

2차 산업 – (광공업, 전기, 가스 등 제조업 중심)

3차 산업 – (서비스업 – 운수, 통신, 상업, 금융, 보험)

4차 산업 – (정보, 의료, 교육)

5차 산업 – (취미, 오락, 패션)

☞ **함께 생각하기** ☜

새로이 부각되는 3D 업종: 현대판 3D 업종은 고부가가치의 업종으로 부각되고 있음

dirty, difficulty, dangerous⇨design, DNA, digital

☞ 함께 생각하기 ☜

웰빙(well being)에 대한 세대별 유형

① 소비트렌드 ⇨ 생활변화

② 부, 명예 ⇨ 자기만족

③ 단체중심 ⇨ 내 방식대로(my way)

④ 고정관념 ⇨ 변화

13~18세 돌봄: care	19~24세 개성: color
25~34세 실속: core	35~44세 전환: conversion

(2) 인류통계학적

- 인구 구조적인 문제

비교: 유럽, 일본, 한국, 중국의 비교

예) 통계청의 전망치에 따르면 고령사회(65세 이상 고령인구비중이 15%): 2019년 초고령사회(65세 이상 고령인구비중이 20% 이상): 2026년

- 교육수준별: 지식수명의 단명, 고급정보의 평이화

- 평생교육시스템 및 고학력화

  예) MIS 학과의 교수님

- 성별: 여권의 신장

예) 미국에서 남성우위적인 표현의 변화

예) 구매력의 의사결정자 – 여성

소비자 성향에 맞춘 아파트 구조변화

– 소비의 주도층

예) teen 문화

예) silver문화

예) dink(double income no kid)족의 출현

baby문화

(3) 문화적 환경

– **문화(culture)**란 한 인간집단의 구성원을 다른 집단의 구성원
과 구별할 수 있는 공동 특성과 가치체계

☞ 문화의 중요성: 실례와 토론을 중심 ☜

① 개고기 문화 – 한국

② 말레시아의 음식문화

③ 아랍유학생의 이야기(여성의 두건)

④ 호모와 레즈비언

⑤ touch문화의 차이

⑥ 박찬호의 바지사건

(4) 정치, 법률적인 환경

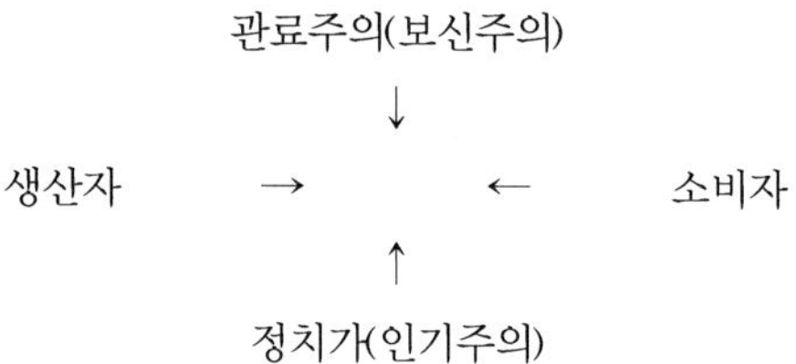

* **갈등극복을 위한 요소**
    ① 협상(negotiation): 공동가치를 형성
    ② 로빙(lobbing): 설득을 통한 의사결정에 영향을 줌
    ③ 제휴(coalition): 결속하여 각자 노력을 통합하거나 전략적
      제휴(strategic alliance)
    예) 공동참여에 의한 컨소시엄
    ④ 대표참여(representation): 라이온스클럽, 로터리클럽
    ⑤ 사회화 교육(socialization): 사내, 사외교육을 통한 경력관리

4) 기술환경

기본적으로 상품개발은 needs(니즈 – 고객의 욕구)가 아이디어(idea)와 개념(concept)을 통하여 seeds(기술적인 뒷받침)가 결합될 때 상품화될 수 있다.

5) 경쟁환경

잠재진입기업, 대체제, 기존업체가 경쟁 등과 같은 경쟁환경의 기본적인 경쟁 전략으로는 저원가(cost leadership)와 차별화(product differentiation)가 있다.

참고문헌

전용수 · 정승언 · 임태순 공저, 『현대경영학의 이해』, 법문사, 2002.
전용수 · 임태순 · 강대석 공저, 『현대경영학의 개관』, 법문사, 2006.
조희영, 『경영학원론』, 민영사.
김준식 · 차덕환 · 천명섭 공저, 『경영학원론』, 세영사.

제 **5** 장

경영의 국제화와 세계화

1. 경영의 초국경화

1) 세계경제의 3대 추세

세계경제는 크게 세 가지의 추세에 있다고 볼 수 있다. 세계경제의 지구화, 국제경제통합의 중심원리로서의 상호주의, 그리고 문화적 민족주의와 함께 오는 지구화 등 세 가지의 큰 흐름이 세계 경제를 지배한다.

(1) 지구화(global화)

자금과 정보가 국경을 초월하여 지구화하고 있다. 특히 국가의 통제력을 벗어나서 국가장벽을 넘나드는 정보는 환율, 주가, 그리고 금리와 같은 금융시장의 움직임에 즉각적인 반응을 보임으로써 지구마을, 지구시장을 형성하고 있는 실정이다.

(2) 상호주의

경제 지역화의 움직임으로, 경제통합의 중심원리로 상호주의를 원칙으로 한다. 유럽경제공동체(EU), 북미경제공동체(NAFTA), APEC 등 경제 지역화를 향한 강력한 움직임이 있으며, 블록 외부에 대해 상호주의가 적용된다.

예) 우리나라의 대응책 – Free Trade를 위해 칠레, 남아프리카공화국, 터키, 이스라엘, 호주, 미국, 중국, 일본을 대상으로 관계 진전이 이루어지고 또한 진행 중임.

(3) 경제 지역화

민족 간의 균열심화(CIS, 발트국 – 에스토니아, 리투아니아, 라트비아), 종교의 대립(레바논의 기독교 – 이스라엘, 구교 – 신교 대립인 아일랜드, 캐나다의 영어와 불어의 대립 등), 민족 간 대립(아랍 – 이스라엘) 등으로 갈등이 소국화하고 있어서 전략적으로는 glocalization (globalization + localization) 전략의 수립이 요구된다.

2) 국제화의 진행과정

기업이 국제화하는 과정을 진행과 위기의 관점에서 살펴본다.[12]

구분	국내기업	수출기업	다국적 기업	글로벌기업
형태	국내생산 국내소비	국내생산 국외소비	국외생산 국외소비	국외생산 국외소비 *글로벌네트워크
한계	시장한계	수입규제	경쟁심화	

(1) 국내기업

국내생산, 국내소비의 형태이나 기업의 규모확대와 더불어 내수시장의 한계라는 위기에 봉착하게 된다.

(2) 수출기업

국내생산, 국외소비의 형태로 수출에 의한 해외판매를 시도하는 단계이나 수입국으로부터 자국민을 보호하기 위한 수입규제의 위기를 맞게 된다.

---

12) 전용수 · 정승언 · 임태순 공저, 『현대경영학의 이해』, 법문사, 2002, p.122.

(3) 다국적 기업

다국적 기업(multinational corporation: MNC)은 현지생산, 현지판매의 형태로 수입규제를 회피하는 중요한 수단으로 대두되었으나, 경쟁심화의 어려움에 봉착하게 된다.

(4) 글로벌기업

글로벌 네트워크를 통하여 생산과 판매를 글로벌화한 기업을 의미한다.

3) 국제경영 측면에서의 국제화

기업이 국제화하는 과정을 경영학의 각론(各論)적인 관점에서 국제경영, 국제 마케팅, 국제재무의 관점에서 조명해 본다.

(1) 국제마케팅의 관점에서
　① 직접수출 – 대리점, 유통업자, 지점, 자회사
　② 간접수출 – 국내판매조직, 수출관리상사
(2) 계약에 의한 관점에서
　① 라이센싱(licensing)
　　라이센서(licensor)가 라이센시(licensee)에게 라이센서가 보유한 특허(patents), 노하우(know – how), trademark를 로열티나 비용을 받고 제공해 주는 행위로 제공의 원인은 생산자의 생산원가 차이, 운송비, 정부의 규제 등이 있다.
　예) 코카콜라병(bottling)

② 프랜차이징(franchising)

라이센싱과 비슷하나 다른 점은 독립성을 유지한다는 점
이다.

예) 편의점, 패스트푸드, 패밀리레스토랑

③ 관리계약(mamangement contract)

합작투자형태로 양 파트너 중에서 하나는 시설을 소유하
고, 다른 한 파트너는 경영을 담당하는 형태이다.

④ 턴키프로젝트(turnkey project) - 플랜트수출

공장이나 산업시설을 발주, 설계, 초기 운영까지를 일괄
수주하는 방식으로 기술, 노동, 경영기법까지 총괄하는 형
태이다.

⑤ 계약생산

OEM 방식이다.

⑥ 전략적 제휴(strategic alliance)

상호 대등한 입장에서 비교우위의 요소를 결합하는 것이다.

☞ **쉬어가기 - 경영사례와 함께** ☜

우리나라와 일본의 D - 램 전쟁의 숨은 공로자는?

(3) 국제재무의 관점에서

① 직접투자 - FDI(해외직접투자)

② 해외간접투자 - 포트폴리오투자(portfolio investment)

2. 국제경영의 방식 및 국제화의 동기

☞ 함께 생각하기 ☜

세계적인 전문경영인의 면모들
① 미국: 리 아이아코카(Iacocco: 크라이슬러)
　　　　잭 웰치(Jack Welch: GE사)
② 일본: 카를로스 곤(닛산자동차)
③ 한국: 윤윤수(필라 코리아)
　　　　김정태(국민은행장)

1) 국제경영의 방식

미국의 퍼뮤터(permutter) 교수는 국제경영의 방식을 세 가지로 분류하였다.

(1) 본국 지향형(ethno - centric)

70년대와 80년대의 경영방식으로 해외 현지의 인적 자원 중에서 관리층을 본사에서 파견하는 방식으로 주요한 의사결정은 본사에서 이루어진다.

(2) 현지 지향형(poly - centric)

주요 사항만 본사에서 결정하고 나머지는 현지에 의존하는 방식이다.

(3) 세계 지향형(geo – centric)

세계 지향적인 인재를 고용하는 경영방식으로 지구촌의 국제경영의 진행방향을 예시하고 있다.

예) 닛산의 카를로스 곤

(레바논 혈통, 브라질 출생, 프랑스 최고의 이공대학 출신으로 "베스트킬러", "세븐일레븐"서 재건의 명인까지)

2) 국제화의 동기

국제회의 동기는 크게 3가지로 나누어 볼 수 있다.

(1) 공격적 전략
환경과 자원의 이용, 습득을 위하여 진행된다.

과거의 경우, 천연자원(원유, 고무, 원목, 원당 등)을 확보하기 위한 목적으로 많이 진행되었으며, 최근의 추세는 기술을 습득하기 위해 진행되기도 한다.

(2) 방어적 전략
규제에 대항하기 위한 전략으로 예를 들면, 수출덤핑을 회피하기 위한 우회전략으로서의 다국적 기업을 통한 생산거점의 확보 등을 들 수 있다. 다른 방식으로는 동반진출효과(bandwagon effect)가 존재하는데, 이는 치열한 경쟁관계에 있는 다국적 기업 간에 발생하는 국제적인 과점적 균형을 유지할 필요가 있을 때 한쪽이 신규시장을 위해 진출하면 경쟁사도 동시에 진출하는 행위이다.

(3) 기타의 목적

조세나 금융의 특혜를 목적으로 조세천국(Tax – heaven)으로 이동
하는 경우이다.

3. 정치환경 · 문화환경과 대응전략

1) 정치환경과 대응전략

정치적 위험(Political risk)은 때론 국가적 위험(country risk)과 구별
없이 사용되기도 한다. 그러나 정치적 위험은 순수한 정치적인 상
황이 고려된 의미라면 국가적 위험은 그 국가의 특정한 상황을 고
려한 의미가 강하다.

실례) 우리나라의 인질효과
일반적으로 정치적 위험은 아래와 같이 4단계로 나누어서 분류
한다.

(1) 일반적 불안정 위험
체제전복, 폭등, 혁명, 전쟁

(2) 소유권, 지배력 위험
강제수용, 국유화

(3) 운영위험

규제에 해당되는 것(수입규제, 현지자원사용, 노동법)

(4) 이전위험

송금, 자본이전, 환율안정성

*대응전략

인질 등의 경우는 협상을 통하여 해결하고 운영의 위험에 노출
되는 경우는 설립 등의 전략을 피하고 충실한 현지대변자 확보를
위한 제휴나 합자회자 등을 고려해 시장개척의 위험을 축소해 볼
필요가 있다.

2) 문화환경과 대응전략

* 동양과 서양의 문화 차이

  (1) 시간의 관점

    a. 대략(round) 대 정확(punctual) 문화

  (2) 계약의 관점

    a. 구두 및 서로의 공감대 대 문서화의 문화

  (3) 표정의 관점

    a. 무표정 대 표정의 문화(Hug 문화)

    b. 무표시 대 표시의 문화

(4) 헤어질 때 관점(모습)

   − 손짓의 차이

* **중국 다시 알기**

   (1) 식당에서

      a. 좌석 예약하기

      b. 주문 시 생선은 반드시 포함

      c. 첨잔하는 것은 괜찮음, 술에 대한 자기제어가 요망

   (2) 사무실에서

      a. 평등의식의 친밀한 행동(이야기 도중 하품, 벽에 기대서
         는 행위 등……)

   (3) 흡연

      a. 담배 권하기(친밀감의 표시)

      b. 담배 권하는 데 있어서 남녀노소의 평등

   (4) 가정방문

      a. 가능하면 짝수로

      b. 배나 시계 등의 선물은 헤어짐을 의미하기 때문에 피하
         는 것을 권함

* **모방의 철학(한국이 미국 따라 하기)**

   1) 긴급전화번호

      a. 911 대 119

2) 무료전화번호

   a. 800 대 080

3) 주차의 문제

   a. 동전투입주차시설

∽ 참고문헌

전용수·정승언·임태순 공저,『현대경영학의 이해』, 법문사, 2002.
전용수·임태순·강대석 공저,『현대경영학의 개관』, 법문사, 2006.
조희영,『경영학원론』, 민영사.
김준식·차덕환·천명섭 공저,『경영학원론』, 세영사.
정구현,『국제경영학』, 법문사.
http://www.bossam.co.kr/ 원할머니보쌈 홈피
http://www.wadon.co.kr/ 와돈 홈피
http://www.bbq.co.kr/ BBQ치킨 홈피

제 **6** 장

기업윤리와 사회적 책임

1. 기업윤리

☞ 함께 생각하기 ☜

사례/질의: 학교생활의 경험담

· University of Wisconsin – Madison의 T. A 생활

· 미국, 판단의 기준(Fairness/흑백의 논리에서 탈피)

① 윤리의 범주: 기업윤리, 직업윤리

　: 범위의 한계

　i.e.) 수영복과 팬티의 차이, 나체연기의 예술성과 음란성

② 개인 윤리적인 방법 vs 사회 윤리적인 방법

　: 개인 윤리보단 사회 윤리적인 의식의 고취가 요망됨

③ 사회적 윤리 vs 법적인 강제성

　: 성숙된 의식과 기업풍토가 부재일 경우엔 법적인 강제성이
　윤리문제의 시비까지 간섭함으로써 개인과 조직의 행동범
　위가 위축

1) 윤리의 개념적 접근

(1) 개념: [헤겔: Hegel]

윤리(ethics)란 도덕이 객관화된 사회정신 또는 사회제도를 의
미하는 것이다.

(2) 윤리, 도덕, 법

① 도덕이 종교적 판단에 많이 의존한다면 윤리는 종교를 초
월하는 경향을 띠고 있다.

② 법은 사회 전체적으로 최소한의 윤리수준을 유지하기 위
한 방편으로 타인에게 해가 되는 일을 한 행위에 대한 응
징의 행위

(3) 윤리의 의무

① 소극적 윤리(should not)

: 타인에게 해가 되는 일을 하지 않는다.

② 적극적 윤리(had better)

: 타인에게 도움이 되는 일을 하는 것이다.

2) 기업성격의 변화과정과 경영성과

(1) 기업성격의 변화

기업 사명	성장 논리	지향성
강한 기업	규모의 경제 Economies of scale	성장 Growth
국제 기업	비교우위	뛰어남 Excellence
지구공생기업	선(善) Good	사회적 공헌 및 비전의 공유

(2) 경영성과

경영성과는 자본성과, 노동성과, 그리고 사회성과로 구성된다.

3대 경영성과 중에서도 시대의 변천에 따라 사회성과의 중요성이 대두되고 있으며, 사회적 가치창출이 기업의 생존과 발전을 위해 요구되고 있는 실정이다.

3) 경영윤리

구분	소극적 개념 (should not)	적극적 개념 (had better)
대내	조직원 간의 비도덕 및 윤리 행위 금지	기업가 정신 바탕 예) 사내보육원
대외	사회적 지탄대상금지 예) 가짜양주 등	소비자보호, 환경, 장학사업

4) 윤리지수

$$윤리(ethics) = \frac{윤리적대상의행위}{사회적기대치}$$

변수는 ① 사회적 기대치

② 윤리적 대상의 행동

③ 사회적 압력(pressure)

④ 매스컴에 의한 노출(exposure)

2. 기업의 사회적 책임

미국기업의 신뢰도 회복을 위한 노력을 살펴본다.[13)

CEO들 반기업 정서 씻기 노력

---

13) 중앙일보 '주식회사 미국'이 돌아왔다.

1) 사회적 책임의 개념

기업의 사회적 책임(social responsibility)이란 기업활동과 관련하여 야기되는 사회적 제 문제를 해결함으로써 기업과 관련이 있는 이해관계자(interest group) 집단과 사회일반의 요구에 부응해야 하는 기업의 규범적 체계이다.

2) 경영윤리와 사회적 책임의 비교

경영 윤리	사회적 책임
과정적 요소	결과적 요소
소극적(should not)	적극적(had better)
구성원(조직원) 간	조직 차원

3) 사회적 책임의 범위

(1) 주주부의 극대화

기업의 목적과 연관하여 주주부(富)의 극대화(stockholder's wealth maximization)를 실현해야 하는 일차적인 책임

(2) 이해관계자 집단에 대한 이해 조정 책임

기업을 둘러싸고 있는 다양한 이해관계인 간에 발생할 수 있는 여러 가지 유형의 이해를 조정하여 원만하게 해야 할 의무

예) 모 제과업계의 이야기 – 못과 카스텔라

(3) 적극적 사회적 책임

수동적인 대응에서 벗어나서 환경변화를 적극적으로 수용하고 창조적으로 대응함으로써 여론은 주도하고 사회발전의 핵심주체가 되어야 한다는 이야기

  예) 기업체의 쾌척(donation)

  예) 모 카드업체의 광고 - "사고는 싶지만 갚을 수 있는지……
      한 번쯤……"

  예) 미국의 유명 흑인 MC(오프라 윈프리) 프로그램 이야기
      90억에 해당하는 270여 명의 방청객에게 '폰티액 G6' 새 자
      동차 선물

* 사례연구: 히트상품과 사업기회 모색

1) 히트상품에 대한 연구를 통하여 사업기회가 어디 있는가를
   찾아본다.

☞ 함께 생각하기 ☜

최근의 히트상품에 대해 생각해 보셨나요?

① 소다에서 과즙음료로

② 스케이트에서 인라인스케이트로

③ 씽씽에서 퀵보드로

④ 마루 걸레질(방 훔치기)에서 AB스라이더로

⑤ 탑블레이드('팽이': 전통의 재해석)

⑥ L사의 입운동(자일리톨)

* 공통적으로 한국인의 건강을 자극

* ②번, ③번, ④번은 기존제품과 생활의 응용

* ④번, ⑤번은 조상의 숨결로부터

* ③번에서 ④번은 다리에서 손으로 위치이동

<u>분석:</u>

① 추억을 자극하기

예) VW의 Beetle과 같은 원리

② 손쉬운 변형

③ 경제 시스템적으로 4차, 5차 산업 중심

　　(참고: 제4강 – 환경변화 대응전략)

<u>히트상품트랜드:</u>

① 첨단기술제품에 감성 담아라.

　　(Emotional Tech)

② 소비자는 귀족이길 원한다.

　　(Royal Luxe)

③ 소비자는 일상에서 탈출을 꿈꾼다.

(Surreal Life)

④ 전통을 재해석하라.

(New Heritage)

⑤ 친환경 제품을 선호한다.

(Metro Ecology)

∞ 참고문헌

전용수 · 정승언 · 임태순 공저, 『현대경영학의 이해』, 법문사, 2002.
전용수 · 임태순 · 강대석 공저, 『현대경영학의 개관』, 법문사, 2006.
조희영, 『경영학원론』, 민영사.
김준식 · 차덕환 · 천명섭 공저, 『경영학원론』, 세영사.
중앙일보

제 7 장

경영의사결정과 전략적 경영

1. 경영의사결정

☞ 한국 재벌사를 통해 본 의사결정 ☜

사례) 한국재벌의 흥망사(or. 역사로부터의 교훈: 溫故知新)

① 지도자의 역할(예: 회장, 대표이사 등……)

② 의사결정의 중요성(예: 변화에 순응……)

③ 본질의 망각(예: 정치적인 해결, 본업의 망각……)

1) 의사결정(Decision making)

(1) 개념

의사결정(decision making)은 문제를 파악하고, 정보를 수집·분석하며, 대체안중에서 최적의 해결책(optimal solution)을 선택하는 과정을 의미한다.

(2) 중요성

① 의사결정은 기업이 추구하는 기업의 생존과 성장에 절대적인 영향을 미치는 매우 중요한 과정이다.

② 의사결정은 기업경영에 있어서 중추적인 역할을 담당하는 과정으로 기업의 경쟁력과 성장에 직접적인 관련을 주는 중요성을 가진다.

2) 의사결정의 절차

(1) 정확한 문제파악:

의사결정자가 문제의 본질과 문제발생원인에 대해 충분한 파악이 요망되는 단계이다.

(2) 문제해결을 위한 세부목표설정:

일단 문제점을 파악한 후 의사결정자는 문제해결을 위해 요구되는 세부적인 목표를 설정해야 한다.

(3) 해결방안의 모색 및 각 방안 비교

목표를 달성할 수 있는 여러 대체안(alternatives)을 모색하고, 이들 대체안을 서로 비교하여야 한다.

(4) 최적의 해 선택

여러 대체안을 서로 비교한 후에 최적의 해(optimal solution)를 최종적으로 선택해야 한다.

(5) 집행 및 피드백(feed back)

문제해결을 위해 최적의 해를 집행해야 하고, 지를 점검할 수 있는 절차가 따라야 한다.

3) 의사결정수준

(1) 전략적 결정(strategic decision)

① 최고경영층(top level)에 의해 이루어짐

② 조직에 대한 목표설정, long-term plan

③ 예) 생산상품, 공장위치, 자금조달결정 등

☞사례연구☜

사례 1) Cannon 대 Nikon

사례 2) Kodak[14)]

(2) 전술적 결정(tactical decision)

　　① 중간경영층에 의해 이루어짐

　　② 전략적 결정을 보조하는 것, short－term plan

　　③ 예) 생산계획, 공장배치, 예산할당 등

(3) 운영적 결정(operational decision)

　　① 하위경영층, 일선감독자에 의해 이루어짐

　　② 직무에 대한 유효성과 능률성 증대

　　③ 예) 주문 시기, 성과측정 등

---

14) 사진: 네이버 백과사전 이미지.

2. 전략적 경영

1) 기업의 성장단계와 경영계획의 변화

	창업기: 강한 기업	자율경영: 국제기업	공생기업
경영자 유형	소유 경영자	전문경영자	전문가 집단 technocraft
지향성	외형성장(big)/ 규모의 경제	경쟁우위 excellent	善(good)
경영 계획	경영정책	전략적 계획	전략적 경영
경영계획활동	경영자의 의사결정	권한이양/ 자율경영	성숙한 경영능력 요구

2) 전략적 경영의 세차원[15]

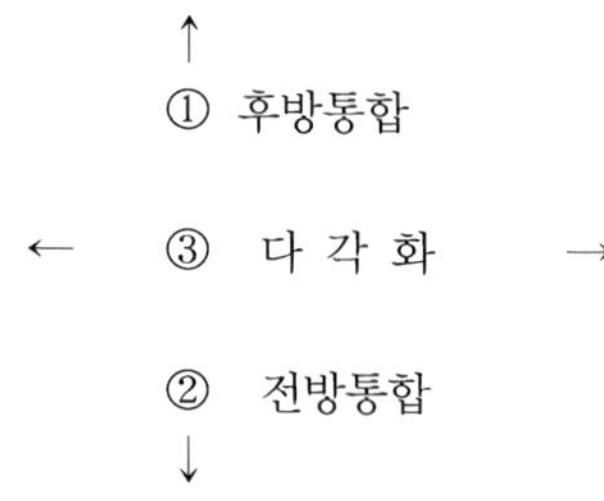

(1) 후방통합(backward integration)

원자재 쪽으로 통합하는 경우

---

15) 전용수 · 정승언 · 임태순 공저, 『현대경영학의 이해』, 법문사, 2002, p.192.

(2) 전방통합(forward integration)

유통 쪽으로 진행하는 통합

(3) 다각화(diversification)

산업의 공통 관련성을 중심으로 관련 산업 분야로 사업범위를 넓혀 경영하는 것

3) 전략적 사고

(1) 전략적 사고와 전술적 사고
① 전술적 사고는 기존의 논리 및 분석에 기초한 과학적인 사고로 수직적인 사고(vertical thinking)라고 볼 수 있다.
② 전략적 사고는 기존의 관념적 사고에서 탈피한 비논리, 탈과학적인 발상, 전환적 사고를 가진 수평적인 사고(lateral thinking)로 혁신적인 사고를 의미한다.

☞사례연구☜

사례 1) 미국의 MBA과정: 학문의 melting
사례 2) 한국, 증권업 추세: 복합적 성격

(2) 전략적 사고의 장애

① 고착병(fixation):

전략적 사고를 색안경을 끼고 편견을 가지고 보는 경우에 해당하는 것으로 모든 것을 무의미하게 할 수 있다.

② 갈등병(conflict):

전략의 일관성을 상실할 수 있는 것으로, 대체안 선택에 망설이고 주저하는 경우를 의미한다.

③ 비전병(vision병):

회사실정과 무관한 전략을 남발하여 전략의 일관성을 상실하고 자원낭비를 초래하는 경우를 말한다.

예) 공주병, 왕자병 등

4) 전략적 계획화 과정과 전략수단[16]

전사적 전략경영평가	기업의 목적	사업의 목적 기업의 우선순위 경영이념/가치관
사업부수준의 책임자	외부환경의 기회와 위험	시장, 경쟁기술환경 경쟁, 이해자 집단
기능부서의 책임자	비교우위	강점/약점

5) 전략적 분석에 의한 제품화

구분	현 시장	신시장
현 제품	시장침투 (market penetration)	시장개발 (market development)
신제품	제품개발 (product development)	다각화 (diversification)

---

16) 전용수 · 정승언 · 임태순 공저, 『현대경영학의 이해』, 법문사, 2002, p.208.

* SWOT 분석에 의한 전략적 분석

SWOT란 자사가 타사와 어떠한 위치에 있는가 하는 분석을 4가지 요인, 즉 Strength(강점), Weakness(약점), Opportunity(기회), Threat(위험)의 관점에서 비교 분석하는 방법이다.

* 현 시장에서 신제품개발 과정은 제품차별화(product differentiation) 와 가격우위 전략(cost leadership)에 의존한다.

∽ 참고문헌

전용수 · 정승언 · 임태순 공저, 『현대경영학의 이해』, 법문사, 2002.
전용수 · 임태순 · 강대석 공저, 『현대경영학의 개관』, 법문사, 2006.
조희영, 『경영학원론』, 민영사.
김준식 · 차덕환 · 천명섭 공저, 『경영학원론』, 세영사.

제 **8** 장

경영의 순환과정: 경영의 계획화, 경영의 조직화

1. 경영의 계획화

☞ 경영사례: '경영의 계획화'의 중요성 ☜

사례) Nisan 자동차의 몰락을 통해 본 '경영의 계획화'의 중요성

① 일본의 2위: sentry → stanza → maxima(삼성의 SM5 시리즈)

② 몰락원인: RV 시장에 대해 소홀 - 「하나와 요시카즈」

③ 재기의 발판: 「칼로스 콘」 - geocentric(세계지향형) 방식

1) 경영의 계획화 과정

(1) 계획과 예측[17]

예측(see)   →   계획수립(plan)   →   실행(do)

(2) 예측기법

① 양적(quantitative) 예측기법

- 시계열분석(time series 분석): 장기추세, 주기적 변동, 계절적 변동, 불규칙 변동 등

② 질적(qualtative) 예측기법

- 시나리오법: 기업체의 신년도 사업계획 수립 시 많이 사용

- 델파이법: 집단의사결정 기법으로 전문가들에게 설문을

---

17) 전용수·정승언·임태순 공저, 『현대경영학의 이해』, 법문사, p.221.

통해 의견을 묻고, 피드백시켜서 동의 여부를 통해 견해를 집약

- 모의실험: 비행모의실험(flight simulation)에서 출발하여 전쟁모의실험(war game), 운전모의실험(driving simulation) 등

2) 목표관리(Management By Objectives: MBO)

(1) 개념

목표관리란:

① 관리자와의 협의를 통하여 조직구성원이 담당직무에 대해 목표를 설정한다.

② 자기통제에 의한 목표를 수행한다.

③ 자기판정에 의한 목표의 달성도를 평가하는 과정을 의미한다.

(2) 목표관리의 도식화[18]

상위자	방침	권한위임	상위자평가	리더십
	직무목표	자유재량	성과	의사소통
하위자	참여	자기통제	자기판정	의욕고취

(3) 평가

a. 장점

① 구성원의 동기부여(motivation)를 증대시킬 수 있다.
자발적인 근로의욕을 고취시킬 수 있는 창의적인 관리방식이다.

---

18) 전용수 · 정승언 · 임태순 공저, 『현대경영학의 이해』, 법문사, p.232.

② 상위자와 하위자의 의사소통이 원활하다.

③ 상위자의 하위자에 대한 관계가 감시자의 역할에서 리더십을 발휘할 수 있다.

b. 단점

① 기술적으로, 목표설정과 평가를 계량화하기 어렵다. 잘못하면, 형평성 문제에 의한 구성원의 불만을 유발할 수 있다.

② 최종결과를 중시하기에 과정이 무시될 수 있다.

③ 단기지향주의에 적합하기에, 장기적인 경우엔 효과가 의문시된다.

2. 경영의 조직화

☞ 경영사례: 세계의 자동차 업계 판도 ☜

사례) 자동차 시장의 각축장: 미국

① **미국:** big three(GM, Ford, 크라이슬러)

② **일본:** 도요타, 혼다, 닛산, 미스비시, 스즈끼……

③ **유럽:** 독일, 영국, 스웨덴, 프랑스, 이탈리아

1) 개념

조직화란:

a. (광의) 조직의 구조를 그 목표, 자원, 환경에 적합하게 체계화

하는 과정으로서

b. (협의) 조직 내의 활동이 목표달성에 기여토록 주로 사내의 인
   적 자원의 배분 과정을 말한다.

2) 조직화의 요소

a. 전문화(specialization): 구성원의 과업의 범위와 깊이
b. 표준화(standardization): 과업의 효과적인 수행을 위해 필요하
   나 개인의 융통성과 상충하는 문제가 있다.

3) 조직도

a. 조직을 한눈에 알 수 있게 나타낸 표로서, 어떤 부서, 책임자,
   경영자, 직책 등에 유용한 수단으로 활용되고 있으나,
b. 업무, 권한 및 책임의 한계를 설명하지 못하는 한계를 갖는다.

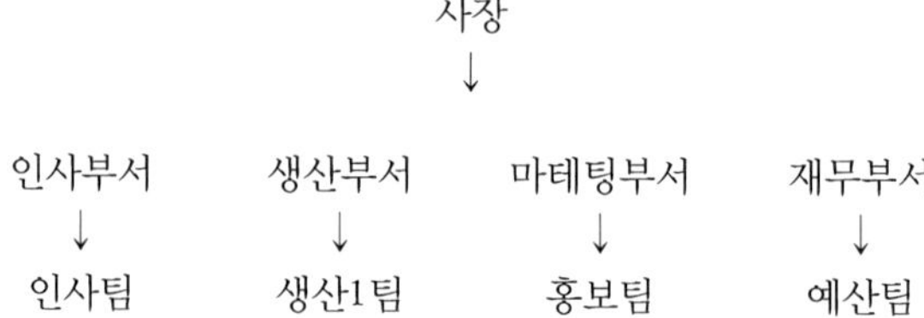

4) 조직화의 원칙

a. 명령통일의 원칙

   : 명령계통의 일원화, 책임의 일원화

---

b. 감독범위의 원칙

: 단위조직 규모의 명확성

c. 계층화의 원칙

: 수직적 계층의 합리성이 유리하며 계층 수가 많으면 효율적 관리가 용이하나 의사소통의 문제가 발생할 수 있고 관리비용이 증대될 수 있다.

* 최근경향 - 계층 수의 축소경향

5) 부문화(departmentalization)

직무기능분담을 위해서 각종 부서, 관리단위의 관계규정에 의해 공식적인 구조를 형성하는 과정으로 기능별 부문화, 지역별 부문화, 제품별 부문화, 매트릭스별 부문화 등으로 구분된다.

(1) 기능별(functional) 부문화

부문화를 조직 내의 주요 기능에 따라 나누어서 부문화한 형태로서 예를 들면 인사, 재무, 생산, 구매, 회계 등으로 구분할 수 있다.

－ 장점:

① 유사업무를 결합함으로써 업무의 효율성을 증대시킬 수 있다.

② 동일 기능인의 숙달에 의해 기능적 전문화가 가능하고 자원낭비를 절약할 수 있다.

－단점:

① 부문 간의 조정의 어려움

② 총괄경영자 양성의 어려움

* 순환보직제

(2) 지역별(area) 부문화

부문화를 지역별로 부문화한 형태로서 예를 들면 미주, 아시아, 유럽, 아프리카 등으로 구분할 수 있다.

－장점:

① 지역특성에 맞게 문제 해결능력증대

② 지역 내의 조정이 개선

－단점:

① 자원낭비성

② 많은 경영인력이 필요함

(3) 제품별(product) 부문화

제품의 종류에 따라 나누어서 부문화한 형태로서

비대한 조직하에서 각 제품생산에 필요한 요소를 한 부로 조직화한 형태

－장점:

① 경쟁유발로 사업단위별 성과노력 증대

② 특화에 의한 집중관리가 가능

- 단점:

　① 더 많은 경영자의 필요성 증대

　② 최고경영층의 통제 곤란 가능성

(4) 매트릭스별(matrix) 부문화

전통적 방식에서 벗어나서 불확실성이 증대되는 환경과 복잡한 과업에 적합한 부문화의 형태로서 한정된 인적, 물적 자원의 유연한 배치에 의해 인적 자원을 최대한 활용하는 방식이다.

- 장점:

　① 조직에 신축성 부여

　② 구성원에 몰입과 도전감을 부여하며 종업원의 잠재능력을 개발 가능케 한다.

- 단점:

　① 무정부 상태를 야기할 가능성이 있다.

　② 권력투쟁을 유발할 가능성이 있다.

∞ 참고문헌

전용수·정승언·임태순 공저,『현대경영학의 이해』, 법문사, 2002.
전용수·임태순·강대석 공저,『현대경영학의 개관』, 법문사, 2006.
조희영,『경영학원론』, 민영사.
김준식·차덕환·천명섭 공저,『경영학원론』, 세영사.

제 9 장

경영의 순환과정:
지휘, 조정, 통제

1. 경영의 지휘

1) 개념

지휘(leading or, directing)란 목표달성을 위하여 관리자가 부하에게 명령, 지시하고 동기 부여하는 과정을 통틀어서 지휘라고 한다.

2) 리더십(leadership) 이론

(1) 특성이론(trait theory)

① 1940년대에서 1950년대

② 리더십에 관한 초기의 연구로서 훌륭한 리더는 타고나는 것이란 믿음으로부터 출발하여 유능한 지도자의 남과 다른 자질을 추출하려는 접근법

예) 육체적, 정신적인 힘/지능/사회적인 성숙도/목적의식/정열/품성

③ 효과적인 리더와 비효과적인 리더를 구분하는 개인적인 특성을 찾는 접근법

(2) 행동이론(behavioral theory)

① 1950년대에서 1960년대

② 리더의 개인적인 특성보단 밖으로 드러난 리더의 행동연구를 시작하였으며, 문제접근법에 리더가 어떻게 행동하는가에 관심을 가짐

예) 메모하는 습관, 일찍 일어나는 습관 등

③ 리더십에는 두 가지의 유형, 즉 과업 지향형(task – oriented style)과 종업원 지향형(employee – oriented style)이 존재하며, 여러 가지의 연구결과 종업원 지향형(관계 지향형)의 종업원이 상대적으로 과업 지향형 리더의 종업원보다 생산성과 직무만족이 높은 것으로 나타났다.

(3) 상황이론(contingency theory)

① 1970년대 이후

② (기본가정) 효율적인 리더십은 상황에 따라 결정되어야 한다.

예) 난세가 영웅을 만듦

③ 피들러(Fiedler)의 상황적응이론

　- 리더와 구성원 관계

　- 과업구조

　- 리더의 직위권력

3) 동기부여

☞ **함께 생각하기: 동기부여의 필요성** ☜

"천재는 1%의 영감과 99%의 땀"

① **넘치는 의욕에 딸리는 실력**

② **넘치는 실력에 딸리는 의욕**

(1) 내용이론(content theories)

　a. 마슬로우의 '욕구 5단계설'

　b. 헐쯔버그의 이요인 이론(two – factor theory)

(2) 과정이론(process theories)

    a. 기대이론(expectancy theory)

    동기부여＝F(성취 가능성, 성과에 대한 보상, 결과에 대한 개인선호도)

    b. 공정성 이론(equity theory)

    공정한 보상이 이루어지도록 노력하고 불공정하면 이를 감소시키려는 노력을 한다.

    예) 투입을 변화, 결과를 변화, 자신에 대한 지각의 변화, 상황이탈 등.

$$\frac{\text{자신의결과}}{\text{자신의투입}} \quad 대 \quad \frac{\text{타인의결과}}{\text{타인의투입}}$$

(3) 강화이론(reinforcement theories)

인간의 행동은 환경적 결과에 의해 결정된다.

즉

자극   →   반응   →   원하는 보상

을 통해서 고착된 강화가 이루어진다.

2. 경영의 조정

1) 갈등의 효과

(1) 부정적 관점

파괴적(destructive) 갈등이라고도 하며 지나친 긴장, 의사소통의
저하, 의심의 증가, 협동의 감소, 경쟁의 증가, 공동목표에 대한 관
심의 저하 등을 초래하기 때문에 관리자들은 갈등을 제거하여야
하며 제거되지 못하면 조직에 역기능적인 결과를 준다.

(2) 긍정적 관점

조직 내에는 갈등이 존재하게 되며, 그 갈등이 적정수준이라면
오히려 창조성과 혁신을 증가시키고 새로운 아이디어를 촉진시켜
서 건설적(constructive)인 갈등이라고 한다. 또한 외부자와의 갈등은
집단에 대한 소속감과 단결력을 높여 집단 내의 응집력을 향상시
키는 역할을 하게 된다.

2) 갈등수준과 조직 유효성[19]

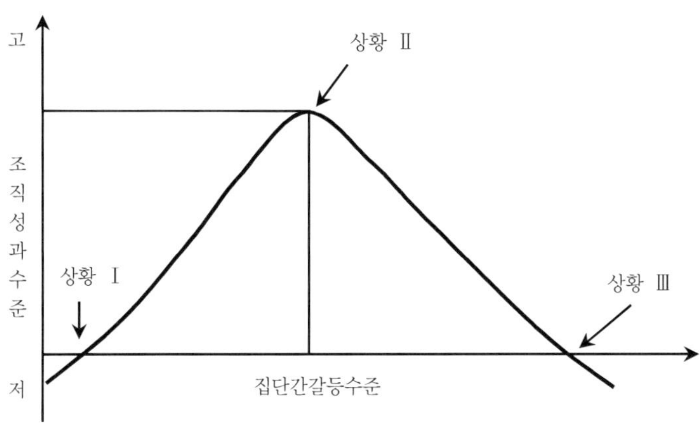

► 직무스트레스

☞ 함께 생각하기: 직무스트레스 자가진단법 ☜

현대를 살아가는 사무근로자들이 조직 내에서 발생할 수 있는 직무스트레스 및 이를 관리하여 해소하는 방안에 대한 관심이 높아지고 있는 가운데 스트레스측정법 중의 하나로 설문에 의한 방식이 많이 활용되고 있다.

진단요령:

항목당 일주일에 3회 이상이면 ＋2점,

일주일에 1～2회이면 ＋1점,

일주일에 거의 없으면 ＋0점

---

19) 전용수·정승언·임태순 공저, 『현대경영학의 이해』, 법문사, p.308.

진단문항:

문 1) 긴장감, 분노를 자주 느끼고 신경성 소화불량이 생겼다.

문 2) 직장이나 가정에서 주위 사람들에게 짜증을 자주 낸다.

문 3) 스트레스를 받으면 술을 마시거나 담배를 피운다.

문 4) 긴장감, 편두통, 목이나 어깨의 통증, 불면증이 있다.

문 5) 밤이나 주말에 이튿날부터 일할 생각을 하면 긴장되고 두려운 마음이 든다.

문 6) 집에 일을 가져오거나 항상 일에 대한 걱정을 한다.

문 7) 긴장을 풀기 위해 진정제나 다른 약을 먹는다.

문 8) 시간여유가 있어도 긴장을 해소하기 위한 운동 등을 하지 못한다.

문 9) 업무의 성격상 마감시간에 쫓기는 편이다.

문 10) 평균 수면 시간이 7시간이 안 되고 항상 피로를 느낀다.

종합평가: 총점이

9점 이하 = 정상적인 수준

10~13점 = 평균 이상 위험군(스트레스 관리요망)

14점 이상 = 고위험군(전문가의 진찰 요망)

1) 스트레스와 성과[20]

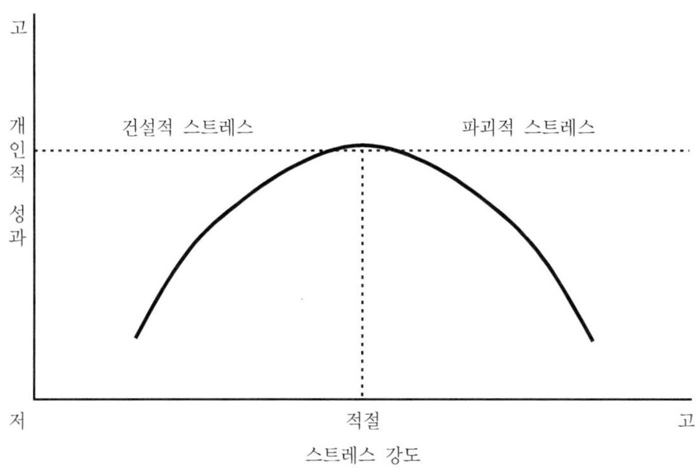

2) 스트레스 관리

a. 정서적 지원

b. 정보적 지원

c. 물질적 지원

d. 자존심 지원

☞ **함께 생각하기** ☜

어떠한 직무스트레스가 질환유발과 관련 있는가를 생각해 보자.[21]

---

20) 전용수 · 정승언 · 임태순 공저, 『현대경영학의 이해』, 법문사, p.316.
21) 조선일보 2007년 8월 28일.

어떤 스트레스가 뇌 · 심혈관
질환 높이나
(스트레스 안 받는 사람을 1로 봤을 때)

직무 자율성 결여	2.5배
직장 문화	2.37
보상 부적절	1.96
물리적 환경	1.75
관계 갈등	1.65
직무 불안정	1.23
직무 요구	1.17
조직 체계	1.17

▲ 자료: 대한산업의학회지 2007년 6월호

3. 경영의 통제

1) 통제의 유형[22]

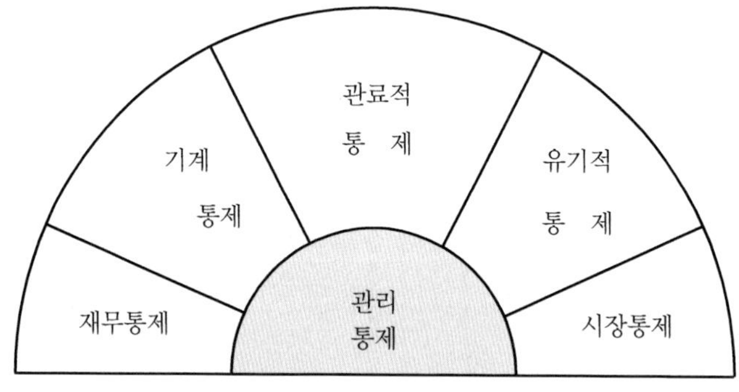

---

22) 전용수 · 정승언 · 임태순 공저, 현대경영학의 이해, 법문사, p.336.

(1) 관료적 통제

  - 가능한 세부적인 규칙과 절차를 사용하는 통제

  - 위계질서를 따지는 하향식 권한

  - 과정 중심적 직무 기술서

(2) 유기적 통제

  - 필요할 때만 세부적인 규칙과 절차사용

  - 결과 중심적 직무기술서

(3) 시장통제

  - 가격경쟁을 할 때 발생

  - 재료비용을 가격으로 측정

  - 경쟁적인 기초가격을 설정

(4) 기계통제

  - 자동화

(5) 재무통제

  - 재무분석

  - 투자수익률(ROI)

  - 예산수립

⤷ 참고문헌

전용수·정승언·임태순 공저,『현대경영학의 이해』, 법문사, 2002.
전용수·임태순·강대석 공저,『현대경영학의 개관』, 법문사, 2006.
조희영,『경영학원론』, 민영사.
김준식·차덕환·천명섭 공저,『경영학원론』, 세영사.
조선일보

제 10 장

경영의 분야별 기능:
인사조직관리

1. 인사조직관리

① 고전적인 분야

② 최근의 경향

1) 개념

인사관리(personnel management)란 인적 자원을 적재적소에 배치함으로써 각각 구성원으로 하여금 최대의 동기부여를 창출함으로써 기업의 목표를 극대화하는 것을 말한다. 최근 들어서는 조직 내에서의 인간존중과 발전이 조직의 목표달성과 깊은 관련이 깊다는 인식하에 인사관리를 인적 자원관리(Human Resource Management)라고 칭한다.

2) 인적 자원계획

(1) 직무분석(Job analysis)

① 직무분석은 특정직무의 성질, 즉 직무를 수행하는 데 요구되는 숙련도, 지식 등의 요건을 결정하는 것을 말한다. 직무기술서와 직무명세서가 있다.

② 직무기술서(job description): 직무개요, 직무내용 등을 기록한 것

③ 직무명세서(job specification): 특정직무수행자에게 요구되는

기능, 능력, 경험, 자격 등……

(2) 인적 자원계획의 수립

① 미래에 요구되는 인력의 수요 측면과 공급 측면을 고려하여 인적 자원계획을 수립

② 수립 시 내부환경(조직의 전략, 목표)과 외부환경(시장, 노동력, 경기변동 등)을 고려하여야 한다.

3) 선발과 모집

(1) 모집(recruitment)

a. 사내모집: 기존 종업원의 전직이나 승진을 통한 내부충원

b. 사외모집: 광고, 훈련기관 등을 통한 외부충원

(2) 선발(selection)

a. 면접(interview)

패널면접(둘 이상의 면접관이 한 명을 면접함)과 상황면접(상황을 주고 해결능력을 보는)이 널리 이용된다.

b. 시험

신뢰성과 타당성을 갖춘 시험이어야 한다.

4) 교체

교체란 할당된 직무로부터 개인을 제거시키는 활동으로 비용과 효용을 함께 고려하여 결정하여야 한다.

(1) 전직(transfer): 유사한 다른 직무로 이동하는 것

(2) 이직(termination): 고용관계의 일시적, 영구적인 단절을 의미
하며 은퇴, 사직, 해고 등이 포함된다.

(3) 사직(quit): 종업원이 자발적 의사에 의하여 고용관계를 단절
하는 행위를 말한다.

(4) 해고(firing): 조직과의 비자발적인 영원한 단절을 의미한다.

☞ **함께 생각하기** ☜

성공한 기업엔 어떤 특별함이 있을까?

성공한 기업의 특별한 DNA[23]

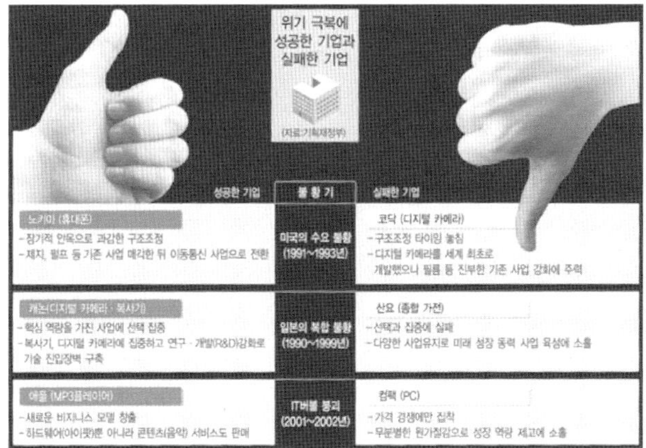

---

23) 경향신문 2009년 5월 22일.

∞ 참고문헌

전용수 · 정승언 · 임태순 공저, 『현대경영학의 이해』, 법문사, 2002.
전용수 · 임태순 · 강대석 공저, 『현대경영학의 개관』, 법문사, 2006.
조희영, 『경영학원론』, 민영사.
김준식 · 차덕환 · 천명섭 공저, 『경영학원론』, 세영사.
경향신문

제 11 장

경영의 분야별 기능: 재무관리

1. 재무관리

☞ 함께 생각하기: 재무관리의 중요성 ☜

① 업무적인 중요성
② 한국의 CEO 분석

1) 재무관리의 기능

(1) 투자의 결정(investment decision)

기업의 목표인 기업가치의 극대화를 위하여 기업이 보유한 여유자금 또는 차입한 자금을 효율적으로 운영하여 보다 많은 투자 수익률을 얻기 위한 투자결정의 문제를 말한다. 좀 더 회계적인 표현을 빌리면, 유동자산과 고정자산을 어떻게 배합할 것인가 하는 최적자산 배합의 문제를 말한다.

(2) 자금조달결정(financing decision)

재무관리의 다른 영역은 효율적으로 기업에서 요구되는 자금을 조달하는 결정의 문제를 말한다. 즉 어떻게 하면 위험을 최소화하면서 효율적으로 자금을 조달할 것인가 하는 문제로 회계적인 표현을 빌리면, 대차대조표상에서 부채와 자기자본을 어떻게 구성할 것인가 하는 문제를 의미한다.

(3) 배당결정(dividend decision)

기업에서 영업활동의 결과 창출된 순이익 중에서 얼마를 주주들에게 배당하고 얼마를 기업에 유보할 것인가 하는 것을 결정하는 기능을 의미한다. 기업의 유보는 내부자금조달 혹은 자기금융을 이용할 수 있다.

2) 투자결정

(1) 딘의 투자 안의 종류

① 확장투자: 생산설비의 확장을 위한 투자

② 대체투자: 기존설비의 대체를 위한 투자

③ 제품투자: 제품개발을 위한 연구개발을 위한 투자

④ 전략투자: 종업원의 후생 및 복지향상을 위한 투자

(2) 비어맨과 스미스의 분류

① 독립적인 투자: 투자안이 서로 독립적인 투자

② 종속적인 투자: 투자안이 서로 종속적인 투자

③ 상호배타적인 투자: 하나의 투자안이 선택되면 나머지는 기각되는 투자

3) 자본조달정책

(1) 단기자본조달

1년 이하의 부채를 조달하는 방법을 의미하며 은행차입, 당좌차월, 적금대출 등이 있다.

(2) 장기자본조달

    a. 주식: 보통주, 우선주

    b. 사채: 담보사채, 무담보사채

4) 배당정책

기업에서 경영활동의 결과로 나타나는 당기 순이익을 기업의 주인인 주주들에게 어떻게 배당할 것인가의 문제로 다른 측면에선 학자들 간에 배당정책이 과연 기업의 가치에 영향을 주는가에 관심이 있어 왔다.

(1) 불완전시장하에서의 배당정책

    a. 낮은 배당학파의 생각

    낮은 배당을 옹호하는 학파의 학자들의 생각은 배당소득과 자본소득에 대한 세금의 차이에 근거를 두고 있다. 즉 배당소득세가 자본소득세보다 많기 때문에 고배당을 함으로써 기업의 주인인 주주들의 부가 오히려 적어진다는 데 이론적인 근거를 두고 있다.

    b. 고배당 학파의 생각

    ① 고배당 학파들을 뒷받침하는 이론적인 근거는 신호가설(signalling effect)이론이다. 즉 고배당은 투자자들에게 기업의 경영이 잘되어 가고 있다는 신호를 보냄으로써 주주들로 하여금 그 기업의 주식을 매수하는 효과를 주어 결국 기업의 가치를 극대화하는 기업의 목

표와 일치하게 된다.

② 현재 배당선호설(bird in hand)의 관점에서 모든 투자
자들은 미래의 불확실성을 배제하기 위하여 미래의 이
익보다는 현재의 배당을 선호한다는 관점에서 고배당
을 선호한다.

c. 배당 무관련설

① 고객이론(clientele theory)

배당성향은 결국 투자자들의 선호도에 따라 결정되어
야 한다.

② 잔여이론(residual theory)

잔여이론은 기업의 가치를 극대화하기 위해서는 투자
의 관점에서 모든 투자기회에 투자를 우선하고 나서
여유자금이 있을 경우에만 배당을 지급해야 한다.

∞ 참고문헌

전용수 · 정승언 · 임태순 공저, 『현대경영학의 이해』, 법문사, 2002.
전용수 · 임태순 · 강대석 공저, 『현대경영학의 개관』, 법문사, 2006.
조희영, 『경영학원론』, 민영사.
김준식 · 차덕환 · 천명섭 공저, 『경영학원론』, 세영사.

제 12 장

경영의 분야별 기능: 생산관리

1. 생산관리

☞ 함께 생각하기: 경영의 분야별 기능 ☜

1) 생산관리의 의의

(1) 의의

생산관리(production management)란?

재화와 서비스의 생산을 효율적으로 관리하는 것을 의미하며, 최근 들어서 서비스의 비중이 확대됨에 따라 운영관리(operations management) 또는 생산·운영관리(production·operations management)라고 불리기도 한다.

(2) 목표

생산관리의 목표는 고객의 욕구를 충족하는 양질의 제품(품질: quality)을 원하는 시기(납기: delivery time), 적절한 가격(원가: price)으로 공급하고 변화에 대응하기 위하여 생산시스템의 유연성(flexibility)이 확보되어야 한다.

즉 원가, 품질, 납기, 유연성이 생산관리의 목표이며, 이를 위한 생산관리의 영역은 제품설계, 공정설계, 생산계획, 재고관리, 품질관리 등이 있다.[24]

---

24) 전용수·정승언·임태순 공저, 『현대경영학의 이해』, 법문사, p.408.

(3) 제품개발

a. 제품개발의 원칙[25]

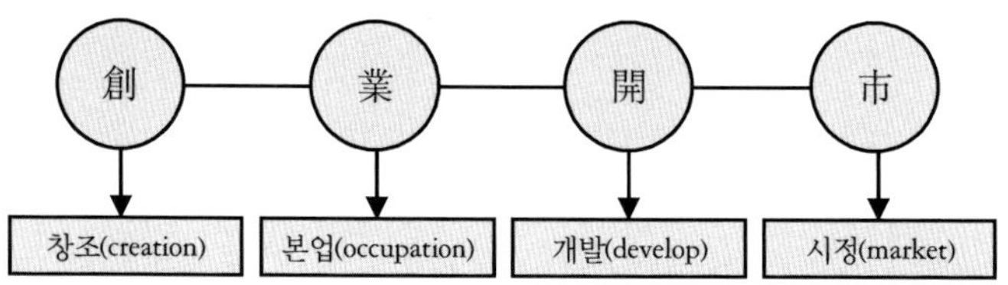

① 창(創) – 창조(creation): 독창성(originality)<창조성(creativity)

② 업(業) – 본업(occupation): 본업은 고수하고 내용은 변화시킨다.

③ 개(開) – 개발(development): 기초연구<개발

④ 시(市) – 시장(market): 시장에 기초하여

b. 제품개발의 과정

① 아이디어 창출 및 평가

② 제품선정

③ 예비설계

④ 시험

⑤ 최종설계

* 신제품(new product)은 고객의 니즈(needs)에 이를 뒷받침할 수
  있는 기술력(seeds)과 결합되어 제품개발의 과정을 거쳐 개발된다.

---

25) 전용수 · 정승언 · 임태순 공저, 『현대경영학의 이해』, 법문사, p.411.

2) 공정선택

(1) 공정의 종류

공정은 제품의 흐름에 따라 단속공정, 라인공정, 프로젝트 공정이 있다.

(2) 설비배치[26]

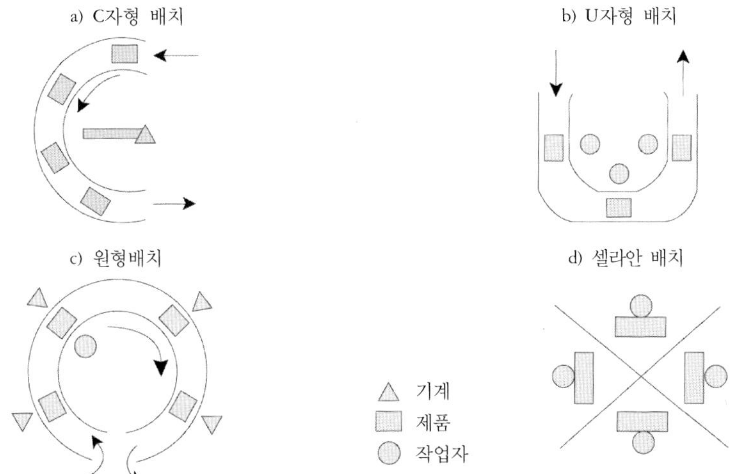

a. C자형 배치: 로봇의 팔이 다다를 수 있는 배치

b. U자형 배치: 가전제품의 조립공장 배치

c. 원형 배치: 원형중심부에 숙달자가 위치

d. 셀형 배치: 숙달자 각자가 혼자서 완성하기 위한 배치

3) 품질관리

---

26) 전용수 · 정승언 · 임태순 공저, 『현대경영학의 이해』, 법문사, p.417.

(1) 의의

품질(quality)관리란 '소비자의 요구를 충족시킬 수 있는 품질수준의 상품을 만드는 행위'를 말하여 품질엔 기능적 품질, 신뢰성, 내구성, 편의성 등이 있다.

(2) 품질관리와 관련된 운동

    a. ZD운동

    ZD(Zero Defect: 무결점운동)란 무결점운동을 말한다.

    b. TQC

    TQC는 종합적 품질관리로서 Total Quality Control을 말한다.

    c. 식스시그마

    불량률이 백만 분의 일이 되기 위한 품질관리를 말한다.

∞ 참고문헌

전용수·정승언·임태순 공저, 『현대경영학의 이해』, 법문사, 2002.
전용수·임태순·강대석 공저, 『현대경영학의 개관』, 법문사, 2006.
조희영, 『경영학원론』, 민영사.
김준식·차덕환·천명섭 공저, 『경영학원론』, 세영사.

제 13 장

경영의 분야별 기능: 마케팅관리

1. 마케팅관리

1) 마케팅의 의의

(1) 마케팅이란

마케팅(marketing)에 대하여 미국마케팅학회는 "생산자로부터 소비자와 사용자에게 제품과 서비스가 흐르도록 하는 여러 가지 기업활동의 수행"이라고 정의하였다. 즉 어떤 교환과정을 통하여 개인과 조직체에게 최대의 만족을 충족시켜 주는 일련의 과정이라고 해석할 수 있다.

(2) 마케팅 전략

마케팅전략은 시장세분화(market segmentation), 표적시장(target market)의 선정, 목표포지션(desired position) 그리고 마케팅 믹스(marketing mix) 등을 포함한다. 이러한 전략은 제품(product), 가격(price), 유통(place), 그리고 촉진(promotion)의 4p를 유효적절하게 고려하여 수립되어야 한다.

2) 시장세분화

(1) 시장세분화란 전체의 시장을 일정한 기준에 따라 동질성이 확보된 하부의 작은 시장으로 세분화하는 작업을 말한다.

(2) 시장세분화의 변수
① 지리적 변수: 지역, 인구밀도, 도시의 크기, 기후

② 인구통계적 변수: 나이, 성별, 직업, 소득수준 등……

③ 개인특성: 보수적, 자율적 등

④ 행동변수: 가격에 대한 민감도 등

3) 포지셔닝

(1) 포지셔닝의 의의

포지셔닝(positioning)이란 고객들이 경쟁사의 제품과 비교하여 자사의 제품에 대해 가지는 특별한 이미지, 즉 제품이 고객들에게 지각되는 모습을 말한다.

☞ 경영사례 ☜

예) "삼성이 만들면 다릅니다."

   "사이버대학의 명문 서울사이버대학"

서울사이버대학교 전경[27]

---

27) 사진: 서울사이버대학교 출판부.

(2) 리포지셔닝(repositioning)

환경의 변화에 따라 경쟁사의 위치도 변화하므로 자사의 기존제품의 위치를 적절한 위치로 새롭게 설정하는 전략을 말한다.

☞경영사례☜

① Honda사가 Acura Division으로

② 도요타사가 Lexus Division으로

4) 제품의 종류

(1) 소비재

① 편의품(convenience goods) - 비누, 치약

② 선매품(shopping goods) - 시계, 가구

③ 전문품(speciality goods) - 피아노, 오디오

(2) 산업재

5) 제품의 수명주기[28]

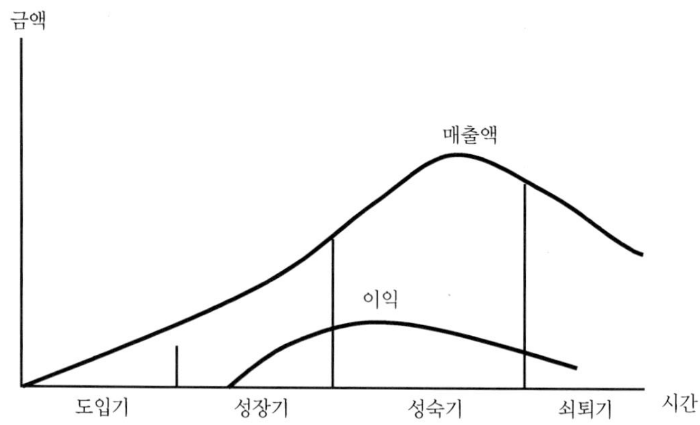

(1) 도입기(introductory stage)

① 신제품이 출시되는 시기

② positioning 구축을 위한 많은 광고비 지출이 요망

③ 매출이 서서히 증대되는 시기

(2) 성장기(growth stage)

① 점차적으로 시장점유율이 확대

② 매출액이 급속히 증가

③ 시장쟁탈이 점차 치열해지고 새로운 경쟁자가 출현하기도

④ 가격은 낮은 가격을 유지해야

(3) 성숙기(mature stage)

① 매출액이 최고조

② 공급과잉상태

---

28) 전용수 · 정승언 · 임태순 공저, 『현대경영학의 이해』, 법문사, p.441.

③ 가격할인정책 요망

④ 이익하락

(4) 쇠퇴기(decline stage)

① 제품의 시장존립이 어려운 상태

② 제품의 폐기 여부를 결정해야

6) 가격전략

(1) 초기고가전략(market skimming strategy)

(2) 시장침투전략(market penetrating strategy)

(3) 기타 전략

① 할인가격(discount pricing)전략:

현금할인, 수량할인, 계절적 할인

② 단수가격(odd number pricing)전략:

가격의 책정을 정부보다 단수를 이용함

예) 10,000원 대신 9,900원

7) 촉진전략

(1) 광고

(2) 인적 판매

(3) 판매촉진: 이벤트성 촉진, 무료증정

(4) 홍보: 예) 비타민 C 파동사건

∞ 참고문헌

전용수 · 정승언 · 임태순 공저,『현대경영학의 이해』, 법문사, 2002.
전용수 · 임태순 · 강대석 공저,『현대경영학의 개관』, 법문사, 2006.
조희영,『경영학원론』, 민영사.
김준식 · 차덕환 · 천명섭 공저,『경영학원론』, 세영사.

제 14 장

경영혁신 및 경영의 신조류

1. 세계화 전략

1) 패러다임의 변화[29]

2) 세계화 전략

(1) 국제화의 진행

국제화(internationalization)란 기업이 사업에 필요한 자원을 얻을 목적이나 시장을 개척할 목적을 가지고 해외로 진출해 가는 과정을 의미한다.

(2) 국제화의 이유(Alfred D. Chandler)

① 규모의 경제(economies of scale)

② 범위의 경제(economies of scope)

---

29) 전용수 · 정승언 · 임태순 공저, 『현대경영학의 이해』, 법문사, p.490.

③ 생산자원의 가격과 가용성의 차이

(3) 경영의 국제화(Permutter 교수) – '제5주 2교시 강의'

    ① 본국 지향형(ethnocentric)

    ② 현지 지향형(polycentric)

    ③ 세계 지향형(geocentric)

(4) 사례

    ① 외국기업의 현지화: Volvo 굴삭기 – 경남 창원

      BASF – 전남 여수

    ② 우리나라 기업의 현지화: 삼성 – 일본에 건물(40여 층)

      LG – 중국에 본사 규모의 사옥

☞ 쉬어가기: 가장 복잡한 시계 ☜

보석 하나 없이 11억 원,

세계에서 가장 복잡한 시계인 오데마피게[30]

---

30) 사진: 매일경제 2009년 7월 17일자 이미지.

2. 위기관리경영전략, 환경경영, 인사조직혁신

1) 위기관리경영전략

(1) 개념

① 위험관리(risk management)

위험관리란 사전적인 개념으로 보험에 많이 이용하는 용어로 사용된다.

즉 위험관리란 위험에 대비해서 예방차원에서 관리하는 것이 위험관리이다.

예) 보험의 개념

② 위기관리경영(crisis management)

위기관리는 위험관리에 비해서 사후적인 개념으로 일단 위험이 현실로 닥쳐 돌발사건인 위기가 되었을 때 어떻게 할 것인가를 정하는 비상행동 체계에 관한 것을 의미한다.

예) 재해에 대처하는 관리 과정

(2) 위기요소별 유형

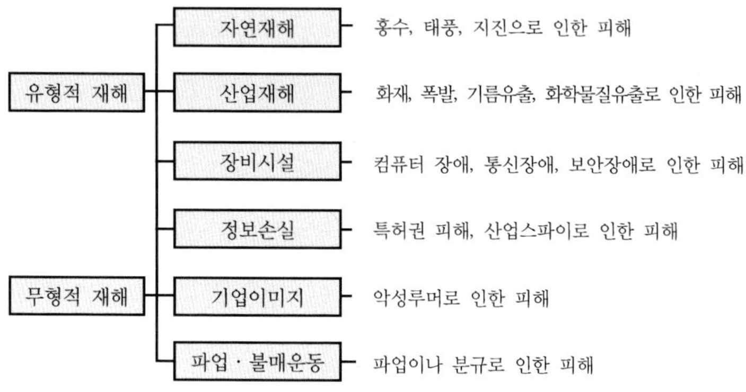

2) 환경경영

위협을 받고 있는 지구환경자원에 대한 문제로서 최근 자주 이
슈화되고 있는 그린경영(green management)에 대한 문제의 중요성
이 점점 부각되고 있는 실정이다.

대표적인 경영사례

① 외국: 1984년 유니언 카바이트사의 누출사고

　　　　(2천 명 사망, 60만 명 부상, 5만 명 영구장애)

② 한국: 1990〜1991년 두산전자의 낙동강 페놀방류사건

3) 선택과 집중의 경영

선택과 집중을 통한 핵심역량(core competence)의 강화에 의해 경
쟁력을 확보하는 경영을 말한다. 과거의 문어발식경영, 백화점식
경영에서 탈피하여 크기보단 수익구조, 분산보다는 집중에 초점을

두는 경영전략의 신조류가 형성되고 있다. 즉 25 – 50 – 75법칙에서 보듯이 25%의 효자상품이 전체 매출액의 50%를 차지하고 전체 수익의 75%를 차지한다는 경험론이 선택과 집중의 중요성을 대변하고 있다.

4) 인사조직혁신

(1) 챌린지포스트제도

챌린지포스트(challenge post)제도란 '개인의 의욕을 최대한 살려 인재의 육성을 도모하는 시스템'이다. 즉 사원이 자신의 의지로 포스트(직위)에 도전하고 기업은 이를 인정하여 사원이 업적을 올리면 그에 응당한 보수를 제공하여 사원의 동기부여와 인센티브를 제공하는 제도이기에 동태적인 조직문화를 유지할 수 있는 장점이 있다.

(2) 아웃소싱(outsourcing)

① 기업의 업무수행에 필요한 일보의 작업을 전략적 관점에서 외부의 기업에게 위탁하는 행위를 의미한다.

② 개념적으로 '외주'는 주로 원가절감을 위해 이루어지는 경우를 의미하고 아웃소싱은 원가절감이란 목표만을 추구하지 않고, 어떠한 일에 대하여 전문적인 처리능력을 지닌 곳에 위탁하는 행위를 의미한다.

③ 자사제품이 경쟁사와 차별화될 수 있게 아웃소싱이 이루어져야 하고, 핵심역량까지 아웃소싱 하는 우를 범해서는 안 된다.

위기를 극복한 기업과 실패한 기업엔 어떤 차이가 있을까?

위기극복에 성공한 기업과 실패한 기업[31]

3. 재무혁신, 마케팅혁신, 전자상거래

1) 재무전략

(1) 현금흐름경영(cash flow management)

현금흐름경영(cash flow management)이란 기업의 생존을 위한 전략으로 장기적인 차원에서는 기업의 가치에 목표를 두지만 단기적

---

31) 경향신문 2009년 5월 21일.

인 관점에서는 유동성 확보에 역점을 두는 경영을 말한다.

현금흐름경영[32]

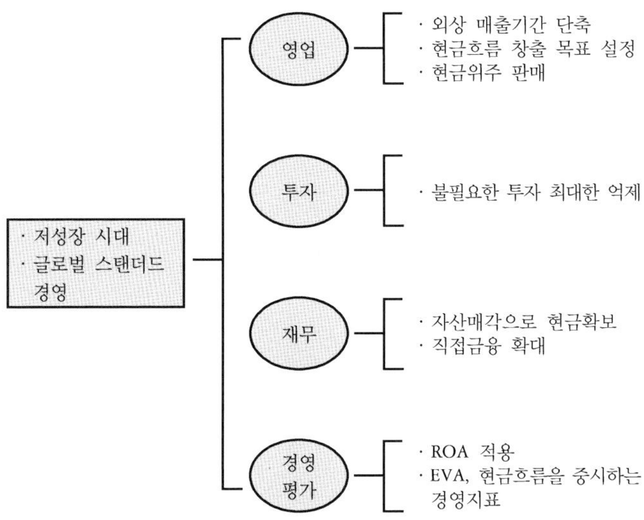

(2) 국제회계기준

회계의 투명성이 확보되지 못하고 조작되거나 창조되는 분식회계는 투자자들의 신뢰를 얻지 못하고 결국 자금을 필요로 하는 기업이 무한경쟁시대에서 생존이 불가능한 결과를 초래하게 된다. 간접적인 피해로는 증권시장에 불확실성을 가중시켜 자금을 조달하려는 기업들에게 어려움을 줄 수 있다.

(3) 투자관계 경영(IRM: investor relations management)

기업자금의 효율적인 조달을 위하여 투자자를 위한 홍보활동을 강화할 필요성이 요구되고 있으며, 투자자와의 우호적인 관계정립

---

32) 전용수·정승언·임태순 공저, 『현대경영학의 이해』, 법문사, p.505.

이 경영활동에 필수적으로 요구되는 행위이다.

2) 마케팅전략

(1) 미래형 마케팅

변화하는 기업[33]

과거	현재
모든 것을 기업 내부에서 생산	기업 밖에서 구매(외주)
기업의 소유에 근거한 개량	다른 기업 벤치마킹
독자적으로 진행	다른 기업과 네트워크 형성 · 협력
기능적 부서별로 작업	다분야팀 구성으로 사업과정 관리
국내에 중점	세계와 지역에 초점
상표 중심	시장과 고객 중심
표준상품 생산	적응상품이나 맞춤상품 생산
대량 마케팅 실시	목표 마케팅 실시
다수의 공급자 이용	소수의 공급자 이용
상명하달 경영방식	상하 및 횡적 경영방식
시장에서 사업 진행	공장에서 사업 진행

3) 전자상거래(e - business)

(1) 전자상거래(electronic commerce: EC)

① 전자상거래란 네트워크상에서 불특정다수의 사람이 상거래의 주체가 되는 것을 말하며 유형에는 기업과 정부(B2G), 기업과 기업(B2B), 기업과 개인(B2C), 그리고 개인과 개인(C2C)의 상거래로 분류할 수 있다.

② 전자상거래의 장점은 거래비용의 감소와 거래의 투명성을 증대시키는 효과가 있다.

---

33) 전용수 · 정승언 · 임태순 공저, 현대경영학의 이해, 법문사, p.508.

(2) 인터넷 쇼핑몰

① 생산자와 소비자를 연결하는 가상공간의 쇼핑몰로서 24시
간 고객의 욕구를 충족시킬 수 있다는 점에서 유통시스템
의 변혁을 주도하고 있다.

② 인터넷쇼핑몰의 유형은 취급종류에 따라 단일유형과 다중
유형, 책임의 소재에 따라 직접판매형과 간접판매형, 그리
고 온라인전문쇼핑몰과 오프라인쇼핑몰 등이 있다.

∞ 참고문헌

전용수·정승언·임태순 공저,『현대경영학의 이해』, 법문사, 2002.
전용수·임태순·강대석 공저,『현대경영학의 개관』, 법문사, 2006.
조희영,『경영학원론』, 민영사.
김준식·차덕환·천명섭 공저,『경영학원론』, 세영사.

임태순 ──

▌약 력

미국 Long Island University, MBA
미국 University of Wisconsin – Madison, A. B. D
인하대학교 경영학 박사
한국기업경영학회 상임이사
한국재무관리학회 회원
인천상공회의소 자문교수
경영지도사 시험출제위원
서울사이버대학교 학생지원처장 역임
서울사이버대학교 경영학과장, 금융보험학과장 역임

현재
서울사이버대학교 금융보험학과 교수
미국 Jones International University, adjunct professor

▌주요논문 및 저서

『핵심 재테크』, 한국학술정보(주), 2010
『리스크와 재무설계』, 서울사이버대학교 출판부, 2008(공동저서)
『현대경영학의 개관』, 법문사, 2006(공동저서)
『재무관리의 이해』, 법문사, 2007(공동저서, 개정판)
『현대경영학의 이해』, 법문사, 2001(공동저서)

경영학원론

초판인쇄 | 2010년 2월 20일
초판발행 | 2010년 2월 20일

지은이 | 임태순
펴낸이 | 채종준
펴낸곳 | 한국학술정보㈜
주　소 | 경기도 파주시 교하읍 문발리 파주출판문화정보산업단지 513-5
전　화 | 031) 908-3181(대표)
팩　스 | 031) 908-3189
홈페이지 | http://www.kstudy.com
E-mail | 출판사업부　publish@kstudy.com

등　록 | 제일산-115호(2000. 6. 19)

ISBN　978-89-268-0708-8 93320 (Paper Book)
　　　　978-89-268-0709-5 98320 (e-Book)

내일을여는지식 ■ 은 시대와 시대의 지식을 이어 갑니다.

이 책은 한국학술정보(주)와 저작자의 지적 재산으로서 무단 전재와 복제를 금합니다.
책에 대한 더 나은 생각, 끊임없는 고민, 독자를 생각하는 마음으로 보다 좋은 책을 만들어갑니다.